KB203498

나는

씨앗입니다

나는 씨앗입니다
첫 번째 사제, 김대건 신부를 그리며 쓰다

교회인가 : 2020년 11월 27일 (천주교 대전교구)
초판 1쇄 발행 2020년 12월 24일
초판 4쇄 발행 2023년 3월 15일

지은이 김성태
펴낸이 전지운
펴낸곳 책밥상
디자인 즐거운생활
사진제공 강형식, 권선민, 김석주, 김윤아, 윤영선, 이해준, 파리외방전교회, 합덕성당
등록 제 406-2018-000080호 (2018년 7월 4일)
주소 경기도 파주시 문발로 197 우편번호 10881
전화 031-955-3189 **팩스** 031-955-3187
이메일 woony500@gmail.com
블로그 https://blog.naver.com/woony500
인스타그램 https://instagram.com/booktable1

ISBN 979-11-971046-5-7 03230 ©2020 김성태

이 도서의 국립중앙도서관 출판예정도서목록(CIP)은 서지정보유통지원시스템
홈페이지(http://seoji.nl.go.kr)와 국가자료종합목록 구축시스템(http://kolis-net.nl.go.kr)에서
이용하실 수 있습니다. (CIP제어번호 : CIP2020052051)

나는 씨앗입니다

첫 번째 사제,

김대건 신부를 그리며 쓰다

김성태 지음

책밥상

유흥식 라자로 주교(천주교 대전교구장)

'성 김대건 신부님 탄생 200주년 희년'을 맞았습니다. 이 은혜로운 시기에 우리 모두는 김대건 신부님과의 특별한 만남을 기대하고 있습니다.

　　김대건 신부님은 솔뫼에서 태어나 25년 남짓 고된 삶을 살다가 새남터에서 순교하셨습니다. 짧은 인생이었고, 그보다 더 짧게 사제로 사셨습니다. 하지만 그분의 삶과 죽음은 강한 메시지와 긴 여운을 남겼습니다. 진리를 위해 청춘을 바치고 참된 사랑을 위해 피를 흘리셨기 때문입니다. 우리나라 모든 사제의 수호자이고, 세계인의 공경을 받는 이유입니다.

　　《나는 씨앗입니다》에서는 우리처럼 평범하고, 우리만큼 나약한 인간 김대건을 만나게 됩니다. 김성태 신부님께서 '어린 나이에 대건 중학교와 대건 고등학교'를 거쳐 사제가 되기 위해 신학교에 입학하면서부터 시작한 김대건 신부님과의 깊은 만남의 글들입니다. 이 글을 읽으면, 김성태 신부님처럼 평범하게 보여 우리와 더 친근해진 김대건 신부님이 동행하고 있음을 느끼게 될 것입니다.

글을 읽는 동안 신부님이 다정하게 말을 걸어오고, 여행길에 동반자가 되어 주셨습니다. 책 속의 김대건 신부님과 함께 우리도 진리와 사랑의 종착지, 하느님께 이르면 좋겠습니다.

이해인 수녀(시인)

김대건 신부님의 생가가 있는 솔뫼에서 빚어진 이 책《나는 씨앗입니다》는 김대건 성인을 비롯한 여러 순교성인들의 영성을 닮고자 애쓰는 한 사제의 순수하고 겸손하고 따뜻한 고백록입니다. 넓게 펼쳐진 들판의 영성과 깊고 그윽한 소나무의 향기를 닮아 더 친근하게 다가오는 저자의 글들은 제게 다음 세 가지를 깨우치는 동시에 신앙적 결심을 하게 해줍니다.

건성으로 기억하는 의무가 아닌 사랑으로 한국 순교자들에 대해 제대로 공부를 해야 되겠다는 것, 이론적 배움에만 머물지 말고 일상의 삶에서 희생을 포함한 극기와 인내의 덕으로 용맹정진해야 되겠다는 것, 그리고 한국 순교성인들의 정신과 역사를 널리 알리는 선교사가 되고 싶은 소망을 갖게 해줍니다.

나직하지만 호소력 있는 음성으로 들려주는 신부님의 진솔한 체험적 에세이를 읽고 우리네 신앙의 눈이 좀 더 밝아지고 진리와 선의 행동을 위해 기쁘게 투신하는 순교성인들의 후예가 될 수 있길 바랍니다. 언젠가는 거룩한 열매로 태어날 '나는 씨앗입니다'를 날마다 새롭게 되새김하는 기도의 순례자가 되고 싶은 갈망으로!

다시 김대건이어야 하는 이유

한참을 망설이다가 책을 출판하기로 결심하고는 다시 망설였다. 그러다가 원고를 보내기로 약속했고, 곧 후회했다. 김대건 신부님을 옷처럼 걸쳐 입고, 돋보이고 싶었던 속마음이 교정지를 받을 때마다 적나라하게 드러나서 불편했다. 더구나 그를 마주하면 할수록 얼룩진 나의 정체와 직면해야 하는 것도 부담스러웠다.

나는 대건 중학교와 대건 고등학교를 나왔다. 어린 시절부터 김대건이 이미 내 삶 속에 들어와 있었다. 신학교에 가고 사제가 되면서 그는 나의 수호성인이 되었다. 떼려야 뗄 수 없는 관계가 된 것이다. 지난 2019년 1월, 그의 탄생지인 솔뫼 성지 전담신부로 발령을 받은 것은 어쩌면 신부님의 간곡한 초대였을지도 모르겠다. 지금은 전담을 면했지만 아직도 솔뫼에 살고 있다. 누구보다 그를 잘 안다고 생각했다. 때로는 그와 꽤 닮았다고 믿었다. 하지만 한시도 떨어진 적 없었던, 특별한 우리 사이의 간격이 그토록 크고 깊은 줄 미처 몰랐다. 나의 가슴에는 김대건의 자리가 없었다.

이 책은 나에게 피정이나 다름없었다. 김대건 신부님과 화해하는 기회였고, 내가 몸담고 있는 이 땅에 대한 관심과 애정을 확인하는 과정이었다. 그것은 얼룩진 나의 정체를 정화해 가려는 사투이기도 했다.

솔직하면 용서받을 수 있다는 믿음이 내게는 있다. 초등학교 시절에 첫 고해성사를 하면서 생긴 확신이다. 신앙생활의 단순하고도 명쾌한 해답을 첫 고해 때 이미 받아 놓고도 신부가 된 지금까지 방황하고 있었다. 기도는 진실에 터 잡고 있어야 한다는데, 있는 그대로를 바라보기 위해 양심에 긴백태를 지워보려 애쓰다 지친 게 한두 번이 아니었다.

책이 용기를 북돋아 주었다. 김대건과 순교자에 비껴 솔직한 나의 모습을 그려보고 싶었다. 솔직하여지자고 쓴 글에 미사여구로 가려진 욕심이 여전히 가득해서 부끄럽다. 오늘이 지나고 나면 다시 글을 쓰려고 한다. 김대건을 다시 쓰고, 순교자를 쓰면서 나의 진실을 직면해 가고 싶다.

세속의 일에서나 영신의 사정을 돌보는 데 치밀하지 못한 본성 때문에 신세를 많이 진다. 내 삶이 평범만이라도 하다면 그건 오로지 주변 사람들의 희생 덕분이다. 배려의 가장 큰 수혜자임에도 불구하고 고맙다고 말하는 게 서툴러, 가슴에만 담아둘 뿐이다. 다만 밤 새워가며 책을 출간해 준 책밥상 출판사에 감사드린다.

2020년 12월 솔뫼에서
김성태

1장 **큰 나무가 그리워**

"안드레아는 이 나라의 첫 번째 신부입니다"

2장 씨앗을 키우는 힘

먼 곳에서도 같은 마음은 흐르고

3장 꽃으로 피어나기를

그와 나의 고향, 내포에서

성 김대건 안드레아 신부 연보와 파리외방전교회 연혁

1장

큰 나무가 그리워

"안드레아는 이 나라의 첫 번째 신부입니다"

봄,

솔뫼 성지에서

바람이 모진데도 아리지가 않다. 아지랑이를 어루만진 바람은 날카로운 삭풍 자락에 할퀸 상처를 너끈히 보듬고도 남으리라. 포근한 바람에 나부끼는 솔잎 사이로 볕이 쏟아진다. 그 볕을 맞으러 '소나무 언덕'으로 들어갔다. 머리며 어깨 종아리에도 솔향을 품은 봄볕 가루가 흠뻑 묻어났다.

나의 짓궂었던 어린 날, 긁히고 찢긴 살갗에 엄마는 태초의 하느님처럼 입김을 후후 불어가며 빨간약과 흰 가루를 뿌렸더랬다. 따스한 숨과 하얀 가루가 내려앉은 곳에는 쓰

14 　　　　　　　　　　　큰 나무가 그리워

라린 통증이 신기하게도 사라졌다. 아프지만 않은 게 아니라 울음도 거두고 알 수 없는 두려움마저 날숨과 함께 날아가 버렸다.

'솔뫼', 오늘 이곳은 가루처럼 흩날리는 봄볕과 천주의 숨결 같은 바람과 어린 순교자의 자취가 있다. 긁히고 찢긴 상처와 영육의 깊은 고단함도 이 숲, 이 언덕에서는 깨끗이 정화되고 치유된다. 문득, 숲속 저편에 엄마의 시선을 울타리 삼아 천진하게 뛰노는 아이가 눈에 들어왔다.

'저런, 저러다가 나무뿌리에 걸려 넘어질지도 모른다. 하지만 그래도 괜찮다.'

그에게는 하느님의 숨처럼 엄마의 입김이 있고, 솔 향내 가득한 금빛의 봄볕 가루가 있는 까닭이다. 그러니 마음 껏 뛰고 놀려무나. 오늘만이 아니라 내일도 내년에도, 생을 다하는 그 어느 날까지 긁히고 찢기기를 두려워하지 말려무나.

그 옛날, '솔뫼' 동네의 어린 대건도 엄마의 시선이 그리운 평범한 아들이었다. 근심과 기도로 점철된 부모의 시선은, 육안의 시야를 넘어 아들의 모진 여정에 울타리가 되어 주었다. 그가 사제가 되어 돌아오는 날엔, 먼발치에서나마 그들은 자신의 기도를 들어주신 천주 앞에서 부끄럼 없이 춤이라

봄, 솔뫼 성지에서

도 추고 싶었을 것이다.

　나는 신부가 되면 어머니에게 첫 축복을 드리고 싶었다. 첫 축복에 더 큰 은총이 있는 것은 아니지만 신부가 된 육친의 아들이 베풀 수 있는 세속적 특혜라고 할까. '처음'에 의미를 부여해 어머께 선사할 수 있는 일종의 뿌듯함이었다.

　하지만 첫 축복은 어머니의 몫이 되지 못했다. 하필이면 사제는 '모든 이에게 모든 것'이 되어야 한다는 선생 신부님의 당부가 축복을 받으러 몰려드는 사람들 앞에 아른거렸다. 얼굴도 모르는 이들에게 첫 축복의 특혜를 몽땅 빼앗겨 버렸다. 그런 이유로 인간 대건의 편지 속, 그 행간에 숨은 고뇌를 조금은 이해할 수 있을 것 같다.

　저의 부모도 역시 많은 고난을 당하여 아버지는 참수되었고, 어머니는 의탁할 곳 없는 비참한 몸으로 신자들의 집을 떠돌아다니고 있다고 합니다.

　_1843년 2월 16일, 요동에서 김대건 신학생이 리부아 신부에게 보낸 편지

　대건이 아버지의 순교 소식을 들은 것은 22살이 된 1843년이었다. 신부 되라고 아들을 유학 보낸 아버지라 남들보다 혹독하게 매를 맞고, 참수로 비참하게 처형되었다. 남겨

봄, 솔뫼 성지,

솔잎 사이로 볕이 쏟아진다.

그 볕을 맞으러 '소나무 언덕'으로 들어갔다.

진 엄마 우술라는 교우의 집을 전전하는 떠돌이가 되었다.

조선의 하늘이 훤히 보이는 국경 마을 언저리에서, 밀사가 전한 아픈 소식에 대건은 북받치는 울음을 참아내지 못했을 것이다. 발길을 되돌리는 대건의 얼굴이 핏빛으로 물든다. 그저, 고국 하늘의 붉은 석양이 눈물에 비낀 탓이란 걸 알면서도 서러운 아들의 심경 같아 마음이 아리다.

1844년 12월, 대건은 국경 마을 변문으로 다시 돌아왔다. 그리고 1845년 1월 1일, 혼자서 국경을 넘었다. 고향으로 가는 길은 죽음의 고비를 몇 번이나 넘나들었을 만큼 고되고 험했다. 넘어지고 뒹굴고 캄캄한 밤길을 맴돌다가 거름더미 위에 지쳐 쓰러졌다. 교우들이 대건을 찾아낸 건 말 그대로 '하느님의 도움'이었다.

(평양으로부터) 모두 함께 길을 떠나 7일 만에 수도, 즉 한양에 도착하여 신자들이 마련해둔 집에 들어갔습니다. 신자들의 호기심과 수다스러움과 위험을 염려하여 필요한 신자 몇 명 외에는 아무에게도 저의 귀국에 대해 알리지 말라고 하였습니다. 제가 조선에 돌아왔다는 말을 저의 어머니에게도 알리지 말라고 엄중히 당부하였습니다.

_ 1845년 3월 27일, 한양에서 김대건 부제가 리부아 신부에게 보낸 편지

큰 나무가 그리워

대건은 마침내 한양으로 돌아왔다. 어릴 적 솔뫼에서처럼 엄마의 품에 안기고 싶고, 엄마의 입김으로 그간의 상처를 치유 받고 싶었을 것이다. 모든 이에게 모든 것이 되어야 했기 때문일까.

"제가 조선에 돌아왔다는 말을 저의 어머니에게도 알리지 말아 주시오."

매정한 그의 말이 무슨 뜻인지 알아서 더 서글퍼진다.

저의 어머니는 10년 동안 떨어져 있던 아들을 불과 며칠 동안만 만나보았을 뿐인데 또다시 갑작스럽게 잃고 말았습니다. 슬픔에 잠긴 저의 어머니를 잘 위로하여 주시기를 주교님께 간절히 바랍니다.

_1846년 8월 26일, 감옥에서 김대건 신부가 페레올 주교에게 보낸 편지

지극히 사랑하는 나의 형제 토마스여, 잘 있게. 이후 천당에서 다시 만나세. 그리고 내 어머니 우술라를 특별히 돌보아 주기를 그대에게 부탁하네.

_1846년 음 6월 8일, 감옥에서 김대건 신부가 스승 신부들에게 보낸 편지

순교자가 남긴 마지막 편지에는, 나약한 그의 본성이

봄, 솔뫼 성지에서

숨김없이 드러났다. 성인聖人이 되고, 순교자가 되기도 훨씬 전에 대건은 슬픔에 잠긴 엄마를 걱정하는 조선의 평범한 아들이었다.

사제관으로 내려가는 솔뫼 성지 오솔길에 여전히 금빛 바람이 볼을 도닥인다. 그 결을 따라 지나온 숲을 돌이켜본다. 오늘 처음 만난 아이와 엄마가 다시 보인다. 그런데 나의 가슴은 한 번도 본 적 없는 어머니 우술라와 그의 아들을 만난 듯 벅차오른다.

순교자의 피와 눈물과 질곡 어린 생의 고단함을 씻어 냈을 솔바람 때문일까. 태초의 숨과 같이 천주의 뜻이 깃든 저 숲의 볕과 바람으로 우리의 상처와 고단한 인생마저 깨끗이 정화되면 좋겠다.

큰 나무가 그리워

부러진
나뭇가지

성지에 살다 보면 순교자들과 교감하는 걸 느낄 때가 많다. 오래된 나무 한 그루, 못생긴 돌덩이 하나도 그냥 지나쳐지지 않는 것은 거기 깃든 옛 사람들의 흔적 때문이다. 저 나무는 성인을 보았을까? 어느 순교자는 이 바위에 앉아서 땀을 식히고, 고된 삶에 생기를 얻었겠지. 나무를 쓰다듬고, 바위에 걸터앉아 보는 호사는 성지 신부라서 누릴 수 있는 특권이다.

선인들의 체취가 더 진하게 느껴질수록, 그분들의 영

솔뫼 성지에는 소박한 곡선으로 수줍게 멋을 부린 한옥이 들어서 있다.
복원된 김대건 신부님의 생가다.

웅적인 이야기보다 인간미 넘치는 소소한 일상들에 더 마음
이 간다. 인간적인 나약함 때문에 작은 실수라도 하였으리라
상상하면 그게 반갑고 마음 놓인다. 그제야 그를 닮을 수 있으
리라는 일말의 기대감이 조급한 마음을 안도하게 한다. 순교
자를 기억하는 조형물도 좋지만 버려진 듯 널브러진 돌멩이,
막 피어난 잡초에서도 옛 교우들과 끈끈한 유대감을 느끼는
건 틀림없는 축복이다.

솔뫼 성지에는 소박한 곡선으로 수줍게 멋을 부린 한
옥이 들어서 있다. 복원된 김대건 신부님의 생가다. 거기서 동
쪽으로 열린 큰길을 따라 몇 걸음만 바삐 가면 육중하고 둥그
런 게 우리 집이다. 나와 보좌신부가 사는 이 집을 '기념관'이
라고도 부르고, 미사가 봉헌되는 성당이 있어서 그냥 '성당'이
라고도 한다. 우리 집이랑 김 신부님 집은 거리도 가깝거니와

부러진 나뭇가지

거의 매일 찾아가기에 굉장히 가까운 이웃이다.

어제도 가서, 문간을 향해 큰 소리로 "대건이 형! 뭐하나? 나랑 놀자!"하고 불렀더니, 어린 대건이 "이~, 왔니? 나무타기 헐래?"하며 걸쭉한 충청도 사투리로 화답하면서 방문을 열고 뛰어나오는 행복한 상상을 했다.

그다음으로 자주 가는 곳은 신부님의 동상이 있는 언덕마루다. 그리 높지는 않지만 눈 아래로 내려다보는 경관이 일품이다. 소나무 사이사이로 순례자들의 모습이 다 보이는데 때때로 때 묻은 바지저고리를 추어올리며 '대건이 형'이 달음질쳐 올 것만 같다.

노는 것이 하루 중 가장 중요한 일과이고, 말 안 듣고 장난치던 개구쟁이 시절의 내가 김대건 신부님과 가장 닮은 모습이다. 그분의 신앙과 역경과 순교를 경건한 마음으로 묵상하다가도, 솔숲을 지나서 생가에만 오면 별로 경건하지 못했을, 그래서 더 마음이 가는 미운 일곱 살의 대건이 형이 자꾸만 뛰쳐나온다.

오늘도 동상에서 집으로 내려가다 커다란 늙은 소나무에서 부러져나간 가지의 흔적을 발견했다. 나의 호기심과 상상력이 발동했다. 나무의 굵기나 모양을 보건대 200년은 훨씬 넘었을 것이다. 작은 나무였을 때 누군가가 이 나무를 타고 올랐다가 가지를 부러뜨린 것이 틀림없다. 나이는 7세 안팎으로 추정되었다. 그렇다면 200년 전쯤에 이곳에 살던 개구쟁이 어린이 하나에 강한 의심이 간다. 그 이름은 김대건이다. 어릴 적 그는, 동네 개구쟁이들과 어울려 저 언덕마루에서 놀았을 것이고, 이 나무들에 자주 올랐을 것이고, 타잔보다 먼저 타잔 놀이를 하다가 급기야 부러뜨리고 말았을 것이다.

김대건 신부님을 형으로 부르고 싶은 나의 불경스러움은 반성의 여지가 있다. 그래도 어쩌랴. 집과 나무와 언덕에 오면 자꾸 형처럼 부르고, 의지하고, 주저리주저리 하고 싶은 말이 많은 것을.

아, 오늘 난 좀 바쁘다. 이 글을 얼른 써놓고, '대건이 형' 집에 마실 가야 하기 때문이다.

부러진 나뭇가지

어린 김대건 태어난 곳, 솔뫼

'솔뫼'는 소나무가 우거진 언덕이다. 말 그대로 굵직한, 오래된 소나무들이 나름의 자태를 멋들어지게 뽐내고 있다. 모르긴 해도 애국가가 노래하는 철갑 두른 소나무의 위용이 이러하지 않을까. 늙은 소나무들은 전설에나 나옴직한 용틀임으로 내포의 하늘을 향해 비상할 기세다. 가을 석양이 비스듬히 비치기라도 하면 금빛으로 번들거리며 살아 움직이듯 하는 게 영락없이 용을 닮았다. 소나무야말로 솔뫼를 가장 솔뫼답게 만들어 주는 주인공이다.

큰 나무가 그리워

'솔뫼'는 소나무가 우거진 언덕이다.

늙은 소나무들은 전설에나 나옴직한 용틀임으로

내포의 하늘을 향해 비상할 기세다.

얼마 전에 우리말과 지명에 관심이 많은 분에게서 솔뫼의 '솔'이 소나무라는 뜻도 있지만 '좁거나 작다'는 의미도 있으므로 염두에 두면 좋겠다는 말을 들었다. 그 말에는 흔한 소나무 산을 굳이 '솔뫼'로 불렀겠느냐는 항의도 섞여 있었다.

　　오늘날 우리가 아는 지명들 중에는 의미가 잘못 전달되었거나 전혀 다른 뜻으로 해석된 경우가 허다하다. 어느 '솔뫼'가 그르고 맞는가는 알 수 없지만 다양한 의견을 모은다는 마음으로 새겨들었다. 그런 이유로 솔뫼는 '작은 언덕'이기도 하다. 실제로 지대가 낮고 크기가 작아서, 산이라 부르기에는 좀 멋쩍다. 아무튼 두 가지 말귀가 다 이 동네의 경관에 잘 맞아떨어진다. 멋진 소나무들이 아담한 언덕과 조화를 이뤄 더 아름다운 곳이, 내가 사는 솔뫼다.

　　이 언덕이 가진 의미가 그뿐이라면 나는 솔뫼를 사랑하지 않았을 것이다. 터에 깃들인 체취와 아직도 느껴지는 푸근한 온기가 진작부터 나를 이곳으로 불러들이고, 조금이라도 더 머물도록 만들곤 했다. 한 번도 본 적이 없는, 그런데도 그리움에 사무친 모순적 관계를 가진 사람, 김대건 때문이다.

　　대건은 이곳에서 태어났다. 고 씨 성을 가진 어머니의 이름은 유럽의 성녀를 따라 우술라였고, 아버지 제준은 이냐시오라고 불렸다. 증조할아버지 김진후 비오가 해미海美에서 순교한 지 불과 7년 만이다.

솔뫼를 포함한 충청도 내포 지방에는 홍주(홍성)와 해미(서산)에 군사와 치안을 담당하던 진영鎭營이 있었다. 외적을 막고 백성의 안녕을 살피는 게 사명인 진영장이 그 시절만큼은 천주교를 단속하는 박해자가 되었다. 대건의 집안과 천주교인들에게 해미는 '고운 바다'라는 뜻의 지명과 어울리지 않게, 두려움을 자아내는 치욕스런 이름이었다.

노비와 양반이 친구가 되라는 말이 거슬렸을까. 아니면 원수까지 사랑하라는 가르침이 불편했던 걸까. 해미 진영의 감옥은 천주쟁이 사범들로 넘쳐났다. 몇 번이나 붙잡혔다 풀려났던 증조부는 결국 1814년 초겨울, 차가운 감옥에서 선종했다. 대건의 작은할아버지 김종한 안드레아는 멀리 경상도로 떠나가 1816년에 그곳에서 순교했다. 천주를 믿었고, 끝까지 버리지 않았다는 게 죽은 이와 떠난 이의 공통된 이유였다.

집안에 몰아친 박해의 아픔이 채 가시기도 전에, 막 태어난 대건에게는 선조들이 그랬던 것처럼 충청도 내포, 솔뫼 출신이라는 원초적인 이력과 천주쟁이의 본성이 유전병처럼 따라붙었다. 장차 그에게 닥칠 운명을 어렵잖게 직감할 수 있도록 말이다.

가을 솔바람에 섞여온 낯익은 체취가 다시 코끝을 자극한다. 귓전에 스치는 바람의 결에는 희비가 뒤섞인 산모의 절제된 신음이 들리는 듯하다.

당신의 마음은 예리한 칼에 찔리듯 아플 것입니다
_루카 복음 2장 25절

그의 운명을 알고 있는 나의 입에서도 성모께 일러드렸다는 예언자 시므온의 말이 흘러내리고 있었다.

'당신의 마음은 예리한 칼에 찔리듯 아플 것이라오.'

1821년 8월 21일, 드디어 솔향을 첫 숨으로 들이켠 갓난아기가 첫 울음을 터뜨린다. 숨이 넘어갈 듯 가쁘게 뿜어내는 울음소리는 작은 언덕에서 메아리가 되더니, 늙은 소나무처럼 비상하여 하늘까지 이르렀다. 그의 울음은 천주를 위한 찬송이 될 것이다. 그의 눈물은 백성을 향한 위로가 될 것이다.

'솔뫼'로부터 이는 바람에서 아직도 느껴지던 달콤한 그의 체취는 천상에서조차 여전히 끝나지 않은 그의 찬미, 그의 위로 때문이었나 보다.

큰 나무가 그리워

착한 목자를 그리워하다

서울시 종로구 혜화동 90-1번지.

고교 졸업과 함께 처음으로 부모님을 떠나 살던 곳이다. 가톨릭대학 신학부 기숙사, '성신관'에서 나는 아직도 끝나지 않은, 생의 첫 타향살이를 시작했다.

고향 성당의 사무장님은 새로 산 검정색 르망 승용차로 동기생 하나와 나를 서울까지 데려다 주었다. 이불이랑 옷가지들 하며 두 사람의 짐을 가득 실은 승용차는 아쉬운 나그네의 마음을 헤아리지 않고, 새 차의 성능만큼 빠르게 고향을

순례의 끝은 언제나 김대건 신부님 동상 앞이었다.

칠순 대사제의 눈시울에 맺히던 촉촉한 그리움을

나는 지금도 기억한다.

떠나갔다. 차 창 밖으로 아버지와 골목길과 가겟방들이 영화처럼 무심히 흘러갔다.

신입생 피정을 마치고, 입학 미사는 김수환 추기경님이 집전하셨다.

"여기 오면 장가 못 가는 거, 알고 있나?"

추기경님의 '아재 개그'가 하나도 웃기지 않았다. 비장한 각오로 서 있는 새 신학생에겐 그마저도 전투에 나서는 지휘관의 근엄한 훈시처럼 들렸다. 입학식의 마무리로 신입생 피정 동안 수없이 연습한 교가를, 그래서 지금도 잊히지 않는 노래를 목이 터져라 불렀다.

진세塵世를 버렸어라. 이 몸마저 버렸어라.

깨끗이 한 청춘을 부르심에 바쳤어라~.

2002년 1월 29일, 꿈을 꾸고 상상만 하던 사제품을 받았다. 신부가 되었다. 서품되기 전에 대상자들은 이른바 '대품피정'을 한다. 수없이 많은 피정을 했지만 서품 전의 피정만큼 설레고, 두렵고, 간절했던 적은 없었다. 피정 장소는 들바람이 매서웠던 1월의 '솔뫼'였다.

　　　　　　　　　착한 목자를 그리워하다

지금은 사라진 피정의 집을 나는 머릿속에 선명하게 그려낼 수 있다. 산책을 하고, 묵주기도를 하고, 숨을 크게 들이켜던 솔뫼 피정집은 절실했던 그만큼 깊이 각인되었다. 피정을 지도해 주신 경주교님은 매일 한 시간씩 내포의 들녘을 말없이 걸으셨다. 병아리처럼 우리는 그의 뒤를 따라다녔다. 그때 스쳐가는 들바람에 나지막이 섞여 있던 기척 소리는 앞선 동료의 숨소리인지 아니면 선배 사제 김대건의 음성인지 분간할 수 없었다.

침묵 순례의 끝은 언제나 김대건 신부님 동상 앞이었다. 거기서 주교님은 매번 같은 노래를 선창했다. 칠순 대사제의 눈시울에 맺히던 촉촉한 그리움을 나는 지금도 기억한다.

진세塵世를 버렸어라. 이 몸마저 버렸어라.
깨끗이 한 청춘을 부르심에 바쳤어라~.

입학식 날, 비장한 각오로 시작한 노래는 대품피정 내내 나의 가슴과 솔뫼를 맴돌았다.

'무엇을 위해 고향을 떠났는가. 누구를 위해 생명을 버렸는가. 어째서 가련한 청춘을 제물로 바쳤던가.'

김대건과 나에게 똑같은 물음을 줄기차게 던졌다.

큰 나무가 그리워

대건이 신학생으로 선발된 것은 1836년의 일이다. 그 해 1월 12일 프랑스인 선교사 모방Maubant이 조선 땅을 밟았다. 마른 발로 홍해를 건넌 히브리 백성처럼 압록의 단단한 얼음 위를 마른 걸음으로 건너왔다. 동토의 땅 조선은 시련과 영광이 치열하게 교차하는 또 하나의 광야가 될 것이다.

버려진 양 떼 같은 왕국의 교회는 자신들을 인도할 어진 목자를 애타게 그리고 있었다. 사제 모방은 그 그리움의 결실이 되었다. 잠도, 쉼도, 목숨까지 담보한 그의 열성이 숨겨진 교회의 사무치는 그리움을 조금씩이나마 해소해갈 것이다.

조선의 사제가 된 모방에게는 미룰 수 없는 또 하나의 소명이 있다. 조선을 위한 조선인 사제를 내는 일이다.

조선 소년 두 명을 보내겠다고 약속했었습니다. 그런데 앞으로 또 기회가 없을까 걱정이 되어 비록 저하고 4~5개월밖에 같이 있지는 않았지만, 세 번째 소년을 추가로 같이 보내기로 하였습니다. 그들의 이름을 도착순으로 소개하면, 2월 6일에 최 토마스(양업), 3월 14일에 최 프란치스코(방제), 7월 11일에 김 안드레아(대건)입니다. 그들의 부모들은 조선에서 가장 뛰어난 교우들입니다.

_1836년 12월 3일, 한양에서 모방 신부가 르그레즈와 신부에게 보낸 편지

이 소년들이 훗날 자신들의 목자가 되어줄 수 있을 거라고, 사람들은 기대했다. 모방은 교우들이 데려온 소년들을 가르치고 보살폈다. 그리고 그들에 대한 평가를 이렇게 내렸다.

'그들의 부모들은 조선에서 가장 뛰어난 교우들입니다.'

모방은 소년들을 보면서 부모들을 알았고, 부모들을 알면서 다시 조선의 교회를 알아갔다. 글로 다 적어내지 못한, 그의 가슴에 남겨진 마지막 편지는 '그들의 교회는 세상에서 가장 뛰어난 교회입니다'라는 뭉클한 고백이었을 것이다.

사람들의 희망과 모방의 시선은 틀리지 않았다. 1836년 12월 3일, 서울을 떠난 소년들은 압록을 건너고 대륙을 지나 마카오에 이르렀다. 거기서 조선을 위한 조선의 사제가 되어갔다. 프란치스코(방제)만이 도착한 지 몇 개월 만에 뜻밖의 병을 얻어 천주께로 돌아갔다. "좋으신 예수여, 좋으신 천주여!" 하는 고백을 유언으로 남기고서는, 스스로 제물이 되어 동료 중에 가장 먼저 천주 앞에 바쳐졌다. 그렇게 동료보다 가장 먼저 사제의 몫을 수행했다.

친구들은 사제가 되어 돌아왔다. 첫 사제 대건은 망

큰 나무가 그리워

나니의 무딘 칼에 쓰러졌다. 거기서 흘러내린 뜨거운 피로 얼어붙은 조국 땅을 녹이고 앞서 간 방제를 뒤따라갔다. 흥건히 몸을 적신 양업의 땀은 조선 땅 깊숙이 스며들어 척박한 광야를 천상의 옥토로 만들어갔다.

세 소년은 그렇게 모두 사제가 되었다. 땀과 피와 청춘을 바친 그들이야말로 교우들이 희망하던 사제임에 틀림없다. 그들이 보여준 시련과 영광, 그 역설의 조선이야말로 모방이 알아본 위대한 교회임에 틀림없다.

오늘도 잘 정돈된 솔뫼 성지를 휘휘 돌아 김대건 신부님 동상 앞에 이르렀다. 예정하지도 않은 노랫말을 주문처럼 읊조린다.

'진세를 버렸어라~.'

그리고 여전히 김대건과 나에게 질문을 던지며, 아직도 끝나지 않은 내 생의 순례를 다시 이어간다.

　　　　　　　　　　착한 목자를 그리워하다

마카오는 조선의 진주를 품고

    처음 가보는 마카오였다. 그런데도 지명이 입에 달라붙는 게 낯설지가 않았다. 한참 전부터 인터넷을 검색해보고, 공항과 비행기에서는 종이가 너덜거리도록 가이드북을 살펴보았다. 안내자 없이도 다니겠다며, 소심한 자만심마저 들었다. 그렇다고 먼 이국의 도시가 갑자기 익숙해질 리가 있겠는가. 마카오에 대한 친숙함과 그리움은 도시 곳곳에 새겨진 지울 수 없는 이력들 때문이다.

    조선의 세 소년이 이곳에 도착한 것은 1837년 6월 7

일이었다. 한양을 떠난 지 6개월여 만이다. 첫 한국인 신부가 될 김대건과 두 번째 신부 최양업 그리고 최방제가 그들이다. 서양 학문을 배우러 온 최초의 조선인 유학생이다.

그날의 조선에는 조선인 신부가 없었다. 고국의 슬픈 현실 앞에 신부가 되려고 결심한 열여섯 살 소년들을 생각하면 가슴이 울컥해진다. 이런 감정은 요즘 들어 더 깊어진 것이다. 김대건 신부님을 모르는 것은 아니었지만 지금처럼 어린 김대건과 감정을 공유한 적은 없었기 때문이다.

'자리가 사람을 만든다'더니 내포에서 살게 된 이후로 나의 시선은 김대건, 특히 어린 김대건에게 자주 향하게 된다. 그 막연한 공감이 마카오를 익숙하고, 그립고, 어루만지고 싶게 만든 이유였다.

마카오는 '동양의 진주'라는 별명으로도 불리지만 아시아에는 '진주'로 비유된 곳이 많아서 그다지 특별하게 생각하진 않았다. 나름의 우월함을 뽐내려는 데는 뭔가 이유가 있겠거니 하는 정도였다. 그래도 기왕에 방문하자고 마음먹고부터는 하루라도 빨리 가고 싶기는 했다. 가이드북과 인터넷에 보이는 사진들도 나의 조급한 마음을 더욱 부추겼다.

유네스코 세계유산에 등재된 고풍스런 시가지도 궁

　　　　　　　　마카오는 조선의 진주를 품고

금하고, 산과 바다가 어울린 자연 경관도 멋있어 보였다. 하지만 무엇보다 소년 김대건과 동료들에 대한 기대가 이 조급증의 근원이었다.

마카오에 처음 도착하는 날, 마중 나오기로 한 수사 신부님을 상상하면서 김대건 신부님의 훈남 초상화를 연상한 것도, 부풀 대로 부푼 나의 과도한 기대 때문이었다. 물론 수사 신부님은 초상화의 김대건과는 거리가 멀었다.

첫 여정은 세계유산으로도 유명한 '성 안토니오' 성당이었다. 작은 길을 사이에 두고, 맞은편이 옛날 파리외방전교회 극동대표부가 있던 자리다. 이 대표부에 조선 신학교가 있었다. 대표부는 이미 사라진 지 오래였고, 그 자리에는 낡고 복잡한 주상복합 아파트가 들어서 있었다.

'아파트만 빼면 예전에 비해 크게 변하지 않았을 것'이라는 수사 신부님의 설명이 안도감을 주었다. 희미하나마 소년들의 흔적이 아직도 남아 있다는 말이기 때문이다. 어쩐지 처음 걷던 길의 익숙함, 한숨을 들이켤 때 밀려든 후련함, 그리고 성당 앞 돌계단에 아직도 남아 있던 온기는 우연이 아니었던 것이다. 그렇다면 조금 전의 일이라도 된다는 듯이 안토니오 성당에 묻고 싶었다.

'댕기머리에 때 묻은 저고리를 걸친 선한 얼굴의 소년들을 기억하는지, 고국을 위한 그들의 기도를 잊지 않았는지……'

성당에는 김대건 성인상과 유해의 일부가 모셔져 있었다. 수사 신부님의 안내를 따르다가 '덜크덕!' 하는 성당 문소리에 뒤를 돌아다보았다. 아닌 줄 알면서도, 댕기머리 소년들을 기대했던 어리석은 기억은 안토니오 성당에서 얻은 행복한 추억이다. 흔한 이름 '동양의 진주'라며 깔본 게 무안하게도, 마카오는 조선의 추억이 보석처럼 깃든 '동양의 진주'가 틀림없었다.

안토니오 성당과 옛 대표부 사이로 난 작은 길은 차와 사람으로 북적였다. 폭이 좁은 길은 하늘에 닿을 듯이 가파르게 솟아올라, 끝을 알 수 없는 언덕으로 이어졌다. 밭은 숨을 몰아쉬며 옛 길이 이끄는 대로 오르기를 20분, 그곳에는 크고 작은 비석이 즐비한 오래된 공동묘지가 있었다. 대천사 미구엘(미카엘)의 이름을 따른 천주교 묘지였다.

수사 신부님은 어린 신학생 김대건과 최양업이 자주 올랐을 거라고 이야기했다. 묘원 어딘가에 친구 방제가 묻혔을 것이기 때문이란다. 함께 조선의 사제가 되자고 그 먼 길을 걸어 여기까지 왔는데, 뜻밖의 병으로 사그라지는 방제만큼 대건도 양업도 그 가슴이 쓰리게 녹아내렸을 것이다.

아무도 찾지 않는 주인 없는 무덤은 공원 뒤편 커다란 납골터에 합장한다고 했다. 수사 신부님은 외로이 남겨진 방제의 유해가 저 합장터에 있을 것이라고 일러주었다. 동료들이 고국으로 돌아간 뒤, 홀로 남은 방제는 마카오의 흙이 되고, 그렇게 흙 속에 묻힌 진주가 되어갔다.

갑작스러운 기력의 쇠약과 극도의 고통에도 불구하고 사베리오는 용기를 잃지 않았습니다. 그는 그의 병을 두려움 없이 받아들였습니다. 오히려 그는 성사를 받지 못하지나 않을까 그것만이 두려웠습니다. 그리고 성사를 아주 열심히 받았습니다. 예절이 끝난 후 나는 눈물을 금할 수 없었습니다. 사베리오는 나의 손을 잡고 "그라시아스 파트리 Gratias Patri (신부님 고맙습니다)." 하고 말하였습니다. 이어 그는 그의 십자가에 입을 갖다 대고, '좋으신 예수여! 좋으신 천주여!'를 열심히 되풀이하였습니다. (중략)

11월 26일에서 27일 밤중에 그의 병상 곁에서 바친 밤기도와 아침기도가 끝나자 나는 사베리오의 숨결이 점점 곤란해지고 있음을 알아차리고 즉시 다른 두 학생과 함께 임종

큰 나무가 그리워

기도를 바치기 시작하였습니다. 나는 마지막 사죄경을 해주고 전대사를 베풀어 주었습니다. 이어 우리의 성스러운 젊은이는 그의 천주님 곁으로 가기 위해 조용히 숨을 거두었습니다.

_1837년 12월경, 마카오에서 칼르리 신부가 뒤브아 신부에게 보낸 편지

미구엘 언덕에 무심히 앉았다. 때마침 밀려든 눅눅한 바람이 누군가의 서툰 휘파람처럼 '쎄에세' 하며 비석들을 스쳐갔다. 이 언덕 어딘가에 조선의 꿈 하나가 묻혀 있다. 바람결에 밀려오던 신비스런 곡조는 방제를 위해 대건과 양업이 읊조리는 '레퀴엠'일지도 모른다.

사라진 방제의 흔적이 아쉬울수록 가슴에 깊이 파고드는 슬픈 청춘들의 추억 때문에 동양의 진주, 마카오가 더 아름다웠다.

마카오는 조선의 진주를 품고

페낭에서 온
메일 한 통

'페낭'에서 이메일이 왔다. 지인을 통해 알게 된 메일 주소로 현지에 사는 교우들과 소식을 주고받으면서 만감이 교차했다. 페낭은 말레이시아 영토다. 인도네시아와 마주하는 말라카 해협의 북쪽 입구에 있다. 말라카 해협은 유럽에서 인도를 거쳐 중국과 동아시아를 잇는 가장 빠른 물길이란다.

1786년 영국이 이 섬을 점령하면서부터 페낭은 동서양의 중계 무역항이자 국제도시가 되었다. 파리외방전교회는 1808년 이곳에 아시아 지역의 현지인 사제를 양성하기 위

큰 나무가 그리워

해 신학교를 세웠다. 조선을 비롯해 중국, 태국 등 10여 개의 나라에서 사제로 양성되려는 학생들이 모여들었다. 1855년부터 1892년까지 조선의 선량한 소년들 22명도 김대건과 최양업의 뒤를 이어 이곳에서 유학했다. 열 살짜리 김 아오스딩부터 경기도 산골 출신 최 루카에 이르기까지 산도 물도 낯선 페낭은 청춘을 바친 어린 구도자들의 도량道揚이었다. 머지않아 조선 땅에 뿌리내릴 영원한 진리가 움을 틔운 못자리였다.

페낭에서 편지가 온 것은 조선 학생들의 자취 때문이다. 그들의 생활 기록들이 종이가 부서질 정도로 열악한 환경 속에 있다는 소식이었다. 보내온 메일을 확인하면서 사라질지도 모르는 소년들의 자취가 안타까웠다. 이곳에서 아무런 조치도 할 수 없는 건 더욱 마음 아팠다.

메일에서 느껴지는 현지 교우들의 안타까움은 나보다 훨씬 더 크고 깊어 보였다. 하루라도 빨리 조선의 자취를 찾아서 책에 쌓인 먼지라도 털어주고, 사진으로 담아내고, 상하지 않게 고이 접어두고 싶었다. 갈피 속 이야기들이 우리 앞에 다시 살아나고, 살아나서 대화하고, 공감하고 싶은 까닭이다. 지난날, 대건과 양업과 방제, 첫 신학생들의 생활 기록을

1856년 페낭 신학교의 조선 신학생 생활기록부,

하루라도 빨리 조선의 자취를 찾아서 책에 쌓인 먼지라도 털어주고,

사진으로 담아내고, 상하지 않게 고이 접어두고 싶었다.

펼치며 200년을 거슬러 오른 역사가 눈앞에 펼쳐졌던 감격스런 경험 때문이다.

금년에 모방 신부가 이곳으로 보냈고, 르그레즈와 신부가 그 교육을 나에게 전적으로 맡긴 세 명의 조선 소년들은 모든 면에서 완전합니다. 신심, 겸손, 면학심, 선생에 대한 존경 등 훌륭한 사제에게 합당한 덕목들 말입니다. 저는 그들을 가르치며 위로를 받습니다. 그 수고에 대한 보상을 줄 수 있는 모든 것을 그들은 갖추고 있습니다. 나는 벌써 조선말을 좀 합니다. 얼마 안 가서 모든 것이 잘될 것으로 기대합니다. (중략) 나의 조선 학생들이 깨진 목소리를 갖고 있다는 이야기를 하지 않았군요. 그들에게 음표를 좀 가르치고, 교회의 성가와 조선 곡에 적응할 수 있는 몇 곡의 성가들까지도 노래할 수 있게 하기 위해 조그마한 손풍금이 하나 있었으면 정말 좋겠습니다.

_1837년 10월 6일, 마카오에서 칼르리 신부가 파리 신학교 트송 신부에게 보낸 편지

편지를 읽을 때마다 생생하게 살아나는 감정은 신비롭기까지 하다. 칼르리 신부의 심정으로 1837년의 조선 소년

을 바라볼 수 있는 것은 자료가 선사하는 위대한 선물이다. 조선의 소년들은 이미 훌륭한 사제가 갖출 덕목을 가졌다는 칼르리 신부의 증언에 가슴 뭉클하다.

몇 해 전, "선생으로 살아온 내 생에 가장 큰 복은 좋은 제자들을 만난 것"이라며 현직 교수로서 마지막 소회를 밝힌 스승의 말씀이 떠올랐다. 스승에게 가장 큰 행복이 좋은 제자를 만나는 것이라면, 칼르리 신부에게 가장 큰 위로와 보상이 조선 소년들이었다는 사실이 한없이 가슴 뿌듯하다. 소년들은 신심이 깊고, 겸손했다. 스승에 대한 존경심으로 주어진 학업에도 열성적이었다고 한다. 1백 수십여 년 전, 첫 신학생들의 유학 생활을 엿볼 수 있다는 흥미로운 사실에 감사했다.

나의 첫 사제들이 그들의 순교와 순직만큼이나, 이미 평범한 일상으로도 위로와 감명을 주는 사람들이었다는 새삼스런 사실이 더 고마웠다. 그들은 피 흘린 순교가 아니었더라도 그들의 말 한마디, 표정 하나에 담긴 위로와 감동으로 틀림없이 세상을 구원할 수 있었을 것이다.

아름답다는 페낭에 남겨진 조선의 일상을 곱게 펴고 새겨와서, 첫 사제들의 일상처럼 눈앞에 펼쳐보고 싶다. 촌스

큰 나무가 그리워

럽고 깨진 목소리에 공부가 부족하다고 해도 괜찮다. 청춘을 사르고 인생을 희생하여 조선의 구원을 위해 떠나간 그들의 자취는 있는 그대로 나의 위로가 되고, 나의 가슴을 감동으로 채워줄 것이기 때문이다.

롤롬보이, 180년을 잇는 망고나무

여름이 다가오는 마닐라는 무덥고 눅눅했다. 공항 입국장부터 숨이 턱 막혀오는 게 열대의 나라다웠다. 부딪히지 않으려고 날렵하게 어깨를 피해도 소용없을 만큼 공항은 사람들로 붐비었다.

그 많은 행객들 가운데 보안 친구의 얼굴이 금세 눈에 들어왔다. 고향 중·고등학교 동창생인 그는 사랑의 선교회 수사修士다. 낯선 외국 공항에서 보는 친구가 여간 반갑지 않았다. 격한 포옹으로 인사를 나누고 며칠간 머물게 될 그의 수

50 큰 나무가 그리워

도원으로 향했다. 수도원은 마닐라 인근의 '카비테CAVITE'라는 곳에 있었다. 늦깎이 친구 수사는 아직 유기서원(수도 서원의 종류 가운데 기한이 정해진 서원) 수사이지만 노련한 수도자처럼 사람을 대하는 표정이 밝고도 깊다.

수도원의 일상에 참여하는 것은 나에게 큰 위안을 준다. 새벽에 일어나 성무일도를 바치고, 묵상을 하고, 미사를 봉헌하고, 청소하고, 아침 먹고, 환우를 돌보거나 노동하는 단순한 일상이 기대되었다. 그들의 단순한 일상이 내게는 특별한 사건이 된다. 수도원은 세상의 분주함으로부터 분리시켜 안식을 주기 때문이다. 그렇더라도 잠시 짬이 나면 친구와 수다를 떨 것이다.

그는 수도 생활의 소소한 에피소드와 소임지에서 만나는 사람들에 관해 이야기를 할 것이고, 나는 지인들의 근황을 말하고 나의 성지에서 일어난 일상들을 이야기할 것이다. 그리고 나의 첫 필리핀 여행에 대해 말해야 한다. 두 번째로 필리핀에 오면서 첫 방문 때의 강한 인상을 내내 상기하고 있었다.

첫 필리핀 방문은 하루를 묵은 것이 전부였는데도 기억에 남는다. 첫 신학생들의 자취 때문이다. 그날은 마닐라 도심의 심각한 교통 체증 때문에 밤이 되어서야 롤롬보이에 도착했다. 긴 여행에 피곤한 우리는 이내 곤한 잠에 빠져들었고, 이른 새벽 동틀 무렵에 잠이 깼다. 열대의 나무들과 방갈로들이 이국에 온 것을 실감하게 했다.

창밖에 펼쳐진 광경 하나하나가 궁금했다. 시야가 닿는 끝까지 가서 직접 보고, 만지고 싶었다. 소년 대건과 양업이 된 것처럼 이리저리 마을을 쏘다니다 보면, 난을 피해 밀려온 롤롬보이 곳곳에서 그들의 자취를 만날 수 있을 것 같았다.

1837년 롤롬보이에는 도미니코 수도회의 휴양소가 있었다. 아편 때문에 일어난 마카오의 소요가 심상치 않아, 파리외방전교회는 조선의 학생들과 신부들을 이곳으로 피신시켰다. 6개월이 넘는 기간 동안 조선의 학생들은 친절한 도미니칸 수도자들과 순박한 이웃 주민들의 친구가 되었다. 지금은 한국의 안드레아 수녀원이 첫 신학생들의 희미한 흔적을 보살피고 있다.

일찍 일어난 김에 조용히 숙소를 빠져나왔다. 막 떠오른 싱싱한 태양이 대지를 비추었다. 수녀님들이 고향에서 가져다 심었다는 옥수수 잎에서 밤새 깃들인 이슬이 또르르 굴러 내렸다. 세상의 어떤 보석이 이 영롱함을 흉내 낼 수 있을까. 설레는 마음으로 맞은 롤롬보이의 첫 아침이었다.

큰 나무가 그리워

수도원으로부터 강으로 이어진 오솔길을 따라나섰다. 사람들이 보였다. 이른 아침인데도 허물어진 건물더미에서 부서진 콘크리트 조각을 주워 나르고 있었다. 질척한 길에 깔아놓은 콘크리트 조각 길의 출처였다. 커다란 바구니를 머리에 이거나 옆구리에 걸친, 그들의 이마에 맺힌 땀방울도 아침 이슬만큼이나 고왔다.

"굿모닝!"

천진한 미소로 이방인에게 먼저 인사를 건네왔다.

"안녕하세요!"

그들도 내 말을 알았다는 듯 웃어 보인다.

'기억하시나요. 당신네 조상들도 여기서 조선인을 만났답니다. 김대건, 최양업. 그들에게도 방금 같은 미소와 오늘 같은 인사를 나누지 않았던가요.'

그러고 보니, 난을 피해 여기까지 온 소년들이 외롭지 않았던 것은 저들의 소박한 미소 때문이었을 것이다. 처음 만난 사람들의 저 선량한 미소가 나의 필리핀에 대한 지울 수 없는 첫 인상이 되었다.

짧은 산책을 마치고 다시 수도원으로 돌아갔다. 수도원의 안뜰에는 180여 년 전 수도원의 기억을 고스란히 간직한 망고나무가 버티고 있었다. 두 아름도 족히 넘을 커다란 나무 곁에는 반가운 우리말이 석판에 새겨져 있었다.

> '망향의 망고나무' – 성인 안드레아 김대건 신부님께서는 고향에 계신 부친(성인 이냐시오 김제준)께로부터 보내온 편지를 읽으시면서 바로 이 망고나무 아래에서 하염없이 눈물을 흘리셨다고 전해 내려오고 있다.

벌써 오래전에 성인들의 자취를 찾아 나선 오기선 신부님(1907~1990)이 이곳을 방문하고 나서 새겨 놓은 것이란다. 오 신부님을 직접 만난 적은 없지만 한국 순교자의 자취를 찾을 때마다 한발 앞선 그분의 발자국을 자주 만났었다. 우리의 만남은 우연이 아니었다. 첫 신학생들의 흔적을 찾고 싶은 기대는 대선배 사제도 같았나 보다. 그분도 대건과 양업을 따르고 싶었던 후배 사제였다. 첫 사제의 자취는 그렇게 또 다른 역사를 만들어 가고 있었다.

그러기에 그냥 지나칠 수는 없었다. 게다가 맛 좋기로 유명한 열매라니, 잘 익은 망고를 한 입 베어 물었다. 상큼한 향내가 온 주위를 감싸고 돈다. 고국에서는 볼 수 없는 이국의 향내, 그 향이 낯설지가 않은 것은 조선의 아들들이 흘린 눈물 때문인가 보다. 그들이 올린 기도 때문인가 보다.

롤롬보이를 떠나면서 다시 필리핀에 오면 싱싱한 망고를 다시 맛볼 것이라 다짐했었다. 그 다짐은 곧 이루어질 것이다. 친구 수사의 수도원 근처에도 망고나무가 자라고 있으니 말이다.

버그내 장터에서 경원개시로

    달력의 끝수가 1과 6인 날은 합덕 읍내 장날이다. 모든 점포가 매일 열리는지라 상설시장이긴 하지만 5일마다 돌아오는 장날엔 사람도 많고, 물건도 훨씬 다양하다. 요즘은 자동차를 개조해서 판을 벌이는 통에 먼 곳에서 왔다는 싱싱한 농수산물도 어렵잖게 만날 수 있다. 그렇다고 난전이 없는 것은 아니다. 여전히 할머니들은 직접 심은 열무나 호박을 가져다가 좌판을 벌인다.

    어느 6일이었던가, '아, 오늘이 장날일세.' 하며 날숨

큰 나무가 그리워

처럼 내뱉는 노인의 말 속에는 막연하게나마 흥겨운 장터에 대한 추억과 기대가 녹아 있었다. 어릴 때처럼 구충약을 팔던 약장수가 없는 건 아쉽지만, 시간이 허락하는 날엔 구경 삼아 합덕 장에 나가보곤 한다. 마트가 편한 나에게도 어린 날의 장을 그리워하는 나이가 되었나 보다.

내포에는 물길과 뭍길이 사방으로 열려 있다. 길을 따라 나고 드는 물산도 풍부해서 살기 좋은 곳으로도 유명했다. 실학자 이중환이 "충청도에서 내포가 가장 좋다"고 《택리지》에 적은 걸 보면, 입전으로 떠도는 이야기가 빈말은 아닌 듯싶다.

봇짐, 등짐을 추어지고 개 건너 뫼 넘어 벌을 가로질러, 내포의 장터는 흥겨운 장돌뱅이들로 가득한 풍요롭고 복된 땅이었다. 큰 들에서 쌀을 내고, 차령의 산골에선 담배며 약초들이 나왔다. 가까운 바다에서 막 잡아온 준치는 임금께 올렸다는 고상한 생선이었고, 갯물을 말려 거둔 하얀 소금도 꽤 귀하신 몸이었다.

교우들이 이고 온 숯과 옹기 속에는 무환자나무로 만든 묵주며 언문으로 베껴 쓴 성인전도 있었을 것이다. 땀과 노고를 나누던 내포의 장터는 훈훈한 인정과 '천주'라는 이름의 간절한 신앙까지 봇짐 등짐에 실려 전해지고 있었던 것이다.

솔뫼 동네 사람들은 버그내로 장을 보러 갔다. 버그내 장은 합덕 읍내 장의 옛 이름이다. 자동차 때문에 퇴화된 내 걸음으로도 15분이면 닿는 곳이다. 걷는 게 일상인 옛 사람들에게는 이웃이나 마찬가지다. 버그내장터 역시 길이 사방으로 나 있었다. 어디로든 떠나려 해도, 어디서든 찾아들려 해도 꼭 거쳐야만 하는 정거장 같은 곳이었다.

1866년 병인년 3월 12일에, 프랑스인 신부 오매트르도 이곳을 거쳐 갔다. 신부의 복사였던 이 빈첸시오는 훗날 시복재판에서 '죄인이 버그내장터로, 합덕방죽으로 신부님을 모시고 갔습니다.'라고 증언했다. 29살의 젊은 신부는 교우들이 잡혀 있는 신리 마을로 가는 중이었다. 교우들 대신에 순교하기 위해서다. 그날의 흥겨운 버그내는 착한 목자의 탄생을 경축하는 마지막 잔치였을지도 모른다. 젊은 나그네는 장터로 다시는 돌아오지 못했다. 그 대신에 사통팔달의 버그내답게 먼 순례길을 바삐 걸어 천국까지 갔으리라.

한동네나 다름없는 버그내 장엔 어린 대건도 자주 다녀갔을 것이다. 어느 날에는 장 보러 가는 아버지를 따라왔을 것이고, 또 다른 장날엔 세상이 궁금한 친구들과 놀이 삼아 기

큰 나무가 그리워

웃거렸을지도 모르겠다. 그때, 신기한 물산들 너머로 질그릇 속에 담긴 성인전을 보았다면 어떤 마음이 들었을까. 미구未久에 성인전의 주인공이 될 것이라고는 상상조차 못 하였겠지. 버그내장터는 대건의 가슴에 새겨진 고향 내포의 추억 한 조각이었다.

그가 조선의 장터를 다시 밟은 것은 24살이 되던 1844년 3월 9일이었다. 16살에 유학 나온 이래로 고향으로 돌아가자고 국경 언저리를 헤맨 것만 수년이었다. 의주로부터 압록을 다 지나고 백두를 돌아, 조선의 끝이라는 두만강까지 이르러 갔다. 경원에 큰 장이 선다는 말을 들은 것은 두만강 어귀의 중국 땅 훈춘에 막 다다른 3월 8일이었다. 대건의 가슴이 요동쳤다.

격년으로 돌아온다는 이른바 경원개시慶源開市가 열린 것이다. 중국의 장사꾼은 날쌘 말을 끌어오고, 조선의 상인들은 농사 잘하는 우직한 소를 몰고 왔다. 솥이며 농기구도 팔고, 은이랑 비단과 바꿀 수도 있었다. 경원장터는 한 조각 추억의 버그내처럼 만주로 중국으로 그리고 세상으로 열린 사통팔달의 길목이 되었다.

조선 땅 경원에서 중국인 장사치로 행세했지만 대건

은 불안하고 초조했다. 읍내로 들어가면서 손에는 흰 손수건을 들고, 허리띠에는 붉은색 차 주머니를 찼다. 교우들이 알아보도록 미리 약속된 표식이었다. 어떻게 된 일인지 장터를 아무리 돌아다녀도 표식을 알아본 이가 없었다.

'약속을 어긴 걸까. 아니면 무슨 일이 생긴 걸까.'

불안한 마음이 깊어질 즈음, 한 사람이 다가왔다. 중국어로 말을 건넸지만 답이 없었다. 대건은 조선말로 다시 물었다.

"당신 이름이 무어요?"

"나는 한서방이오."

"당신은 예수님의 제자요?"

"그렇소."

대건은 그제야 한숨을 놓았다. 그들 밀사 일행은 한 달도 넘게 기다렸다고 했다. 눈치 챌까 두려워 사람들의 눈을 피해가며, 갈증을 해소하듯 반가운 조선말과 조선 소식을 벌컥벌컥 들이켰다. 1839년 박해로 목자를 모두 잃은 조선은 방황하는 양 떼처럼 애처로웠다. 교우들은 서양인을 숨기기가 어렵지만 그래도 조선에 들여 품을 수 있도록 힘을 다하겠다고 다짐했다. 애타게 목자를 기다리는 교우들의 선한 눈빛이 대건의 가슴에 비수처럼 꽂혔다.

큰 나무가 그리워

이야기를 끝마치고 우리는 이별하려고 손을 마주 잡았습니다. 그들이 흐느껴 울어서 굵은 눈물이 뺨을 타고 줄줄 흘러내렸습니다. 우리는 다시 읍내로 들어와 군중 속으로 자취를 감추었습니다. (중략) 저녁이 되면 외국인들은 돌아가라는 신호가 내립니다. (중략) 우리가 훈춘으로 돌아가려는 참에 조선 교우들이 다시 우리에게로 오는 것이 눈에 띄었습니다. 그들은 차마 떠나지 못하고, 좀 더 이야기를 나누고 마지막 작별인사를 하려는 것이었습니다.

_1844년 12월 15일, 몽고(소팔가자)에서 김대건 부제가 페레올 주교에게 보낸 편지

그날만큼은 경원의 장터가 흥정과 물산이 오가는 시장만이 아니었다. 눈빛만으로도 천주라는 이름으로 대건과 교우들이 형제가 되었다. 서로를 향한 그리움이 교감하는 장소였다. 뺨을 타고 흘러내리는 눈물만큼, 차마 떠나지 못해 안타까이 배회하는 애틋함만큼, 그들의 눈물과 발걸음이 그대로 기도가 되고 제물이 되었다. 떳떳이 십자가를 그을 수도 없었고, 조선의 언어로 신앙을 고백하지도 못했지만 그날의 경원 장날은 조선에서 유일한 그리움의 성전이 되었다.

부제가 된 그가
해야 할 일은

천주교 성직자로는 부제副祭Diaconus-사제司祭Presbyter-주교主教Episcopus가 있다. 이 직무를 수여 받는 예식이 '서품식'이다. 이와 별도로 삶에서 그리스도를 구현하기 위해 평생 일정한 방식으로 살아가는 남녀 수도자도 있다. 수녀 혹은 수사가 그들이다.

부제는 교회와 제단의 봉사자로서 나름의 역할이 있지만 대개 사제품을 받기 위한 전 단계로 인식된다. 그래서 보통은 신학교에서 남은 학업을 이어가며 천주교회가 맡기는

큰 나무가 그리워

직무를 수행한다. 가톨릭 성직자에게 요구되는 독신과 순명을 종신토록 하겠다는 서원도 부제 서품식 때 이루어진다. 부제품을 받으면 공적으로 가톨릭교회의 성직자가 된다.

2000년 7월 4일 올림픽체육관에서 있었던 서울대교구 부제 서품식이 내게는 좀 특별했다. 그날 서품 대상자의 대부분이 신학교에 함께 입학했던 동료들이었기 때문이다. 허물없이 함께 웃고 떠들며 교회와 사회에 대해 고민하던 친구들이 성직자의 신분으로 앞에 선 모습이 감격스러우면서도 낯설었다. 그날 저녁 부제가 된 친구와 함께 성무일도를 바치고 강복을 받았다. 내게도 곧 다가올 부제품에 대한 기대와 두려움이 교차했다.

이듬해 1월 30일 나는 대전에서 부제품을 받았다. 새하얀 로만 칼라가 닳고 해지도록 귀한 옷에 걸맞은 성직자가 되자고 다짐했다. 부제였던 1년은 말 그대로 눈 깜짝한 사이였다. 사제가 아니라서 미사를 봉헌할 수는 없었지만 부제가 누릴 수 있는 행복을 만끽했다.

부제에게 주어진 직무란 만나는 사람마다 축복하고, 복음을 선포하는 일이 전부였다. 마음껏 축복하고, 마음껏 사랑하는 것만이 의무가 되는 아름다운 성직이 부제라고 말하

부제가 된 그가 해야 할 일은

고 싶다.

  첫 사제 김대건과 그의 동료 최양업은 1844년 12월
에 부제품을 받았다. 그리고 부제가 된 김대건은 곧바로 선교
사들의 입국을 준비하기 위해 홀로 국경을 넘었다.

  국경의 겨울은 언제나 역설이다. 혹독한 추위만큼이
나 뼈저린 시련의 계절이다가도 희망과 설렘의 때이기도 하
다. 대륙에서 몰아치는 차가운 바람에 바위처럼 얼어붙은 압
록강은 나라를 넘나드는 단단한 포장도로가 되었다. 옛날 북
쪽 오랑캐의 침범이 겨울이었던 이유다. 탄탄하게 다져진 압
록의 빙하氷河는 희망의 발판이기도 했다. 북경을 오가던 사신
들의 장엄한 행렬도 꽁꽁 언 압록이 도와야 했다. 신기한 물건
이며, 새로 나온 책과 지혜들이 얼음길을 이어달려 조선으로
밀려들었다.

  가슴 벅찬 압록의 설렘이 절정에 다다른 것은 1844
년 겨울이었다. 24살의 젊은이 하나가 매서운 눈보라를 꿰뚫
고 힘겹게 나아간다. 이미 며칠째 굶주렸다. 손과 발도 감각을
점점 잃어가고 있었다. 흐릿한 시야에도 발길만은 뚜렷한 자
국을 새기며 남으로, 남쪽으로 흘러가고 있었다. 비장한 청년
의 가슴에는 슬픈 눈망울의 '여인화女人畵'가 품기어 있다. 기

력을 다한 지친 육신이 눈밭에 미끄러져 나뒹굴 적마다 슬픈 '여인화'의 얼굴도 그 품 안에서 구겨졌다 펴지기를 반복했다. 그림 속 여인의 눈에서 금시라도 눈물이 흐를 것만 같다.

"힘을 내라, 조금만 더 힘을 내거라, 안드레아야."

그때 저는 추위와 굶주림, 피로와 근심에 짓눌려 기진맥진하여 남의 눈에 띄지 않으려고 거름더미 옆에 쓰러져 있었습니다. 인간의 도움을 전혀 기대할 수 없고 오로지 하느님의 도우심만을 고대하면서 먼동이 틀 때까지 녹초가 된 채 있었습니다.

_1845년 3월 27일, 한양에서 김대건 부제가 리부아 신부에게 보낸 편지

거름더미에 쓰러진 청년을 찾아낸 것은 마중 나온 조선의 교우들이었다. 우리말로 고해를 들어줄 사제를 얼마나 기다렸던가. 우리말로 축복해 줄 신부를 그렇게 고대하지 않았던가. 교우들의 간절한 기도가 하늘에 이른 듯, 고국으로 돌아온 청년 부제는 죽음의 문턱에서조차 되돌아왔다. 그가 이룰 소명이 따로 있다는 듯, 품속의 슬픈 '여인'은 그를 살려 돌려보냈다.

부제가 된 그가 해야 할 일은

1845년 1월, 아직도 차가운 동토의 조국으로 대건은 부제가 되어 돌아왔다. 한양의 교우들은 아무도 모르게 그를 감춰 주었다. 꿈에서도 그려보던 고향의 하늘인데 엄마에게조차 자신의 소식을 알릴 수가 없었다. 아버지의 생명을 앗아간 박해의 그림자가 아직도 이 땅에 드리운 까닭이다. 설렘과 두려움, 역설의 감정을 그대로 간직한 채 조국에서의 감격스런 첫 밤을 맞이하고 있었다.

김 부제는 그제야 가슴 속에 묻어둔 '성모님의 상본'을 반듯이 펴서 깨끗이 말리어 바라보았으리라. 아니 어머니가 아들을 살펴보듯 성모님이 대건을 마주했으리라. 수백 번을 구겨졌다 펼쳐져서 접힌 자국은 깊게 패인 엄마의 주름처럼 애틋하고 정겨웠을 것이다.

마음껏 축복하고 마음껏 사랑하는 일만이 부제의 직분이라, 지친 육신을 다시 일으켜 고국을 향한 애정과 축복의 소명을 이루어야 한다.

큰 나무가 그리워

한강변 언저리에 제멋대로 자리 잡은 개나리가 꽃을
피웠다. 계절의 향연을 경축하려고 터트린 폭죽처럼 노란 불
꽃이 소리도 없이 아우성이다. 봄꽃의 시위 때문일까. 이름도
모르는 병마 때문에 깊은 잠에 빠졌던 대건이 자리를 걷고 일
어났다.

　남의 나라 낯선 땅에서도 험난한 세월을 꿋꿋하게 견
뎌냈다. 하지만 유독 고국에서만은 이유도 없이 침상 속에 스
러진 채, 한 달을 보냈다. 먼 여행길에 쌓인 피로 때문이었을

대천사 라파엘, 나그네를 지키는 게 그의 소명이라 했던가.

부러진 날개에 만신창이가 되어서라도

황포배 '라파엘'은 천사처럼 그들을 지켜냈다.

것이다. 그보다는 조국의 백성을 향한 그의 노고가 마지막 남은 기력까지 핍진하게 만들었을지도 모른다. 다시 찾은 고국의 산천은 자궁처럼 그를 품어 주었다. 모태 속의 아기처럼 오랜만에 평화롭고 천진한 잠을 그렇게도 길게 이루었다.

긴 잠에서 막 깨어난 대건은 곧바로 작은 배 한 척을 마련했다. 상해, 상해로 가기 위해서다. 그의 소명을 이뤄가기 위해서다. 조선을 위한 최고 목자 페레올이 거기에 있다. 영혼의 안위를 위한 교우들의 갈망을 이루어야 할 때가 되었기 때문이다.

저는 모든 준비를 끝낸 후 열한 명의 신자와 함께 배에 올랐습니다. 이들 가운데 네 명만 사공이었고 나머지는 모두 바다를 구경도 못한 사람들입니다. 게다가 모든 것을 비밀리에 추진하다 보니 유능한 사공을 구할 수도 없었고 그 밖의 요긴한 물건들도 장만할 수 없었습니다. 그리하여 음력 3월 24일에 돛을 펴고 바다로 나아갔습니다. (중략) 우리가 탄 배는 바다에 한 번도 나가본 적이 없는 작은 배였는데 폭풍우가 점점 심해지자 파도 때문에 몹시 까불리고 무섭게 내팽개쳐져서 거의 침몰할 지경에 이르렀습니다.

_1845년 7월 23일, 상해에서 김대건 부제가 리부아 신부에게 보낸 편지

1845년 봄, 조선의 하늘은 오늘처럼 맑고 고왔다. 메마른 산록을 샅샅이 후비어 돌던 아리수마저 그날처럼 영롱하게 빛나던 적은 없었을 것이다. 하늘마냥 푸르른 강물을 따라 천사처럼 날개를 펼친 황포돛배가 미끄러져 간다. 천사를 닮은 배의 이름은 '라파엘'이다. '하느님의 도움'이라는 뜻을 가진 라파엘 천사는 여행자를 지켜주는 수호자이다. 황포배 라파엘은 그 이름에 걸맞게 자신의 품에 안긴 나그네를 안전하게 감싸주고 지켜낼 것이다.

황토색의 날개가 잘도 어울린 '라파엘 호'는 스물네 살 청년이 선장이다. 큰 바다를 한 번도 본 적 없다는 11명의 사내들이 그의 동료다. 젊디젊은 선장에게 돛도 키도 자신들의 마음까지 내어 맡겼다. 그들의 이력은 천주의 이름으로 선량하게 살아온 게 전부였다. 그래서 붙여진 또 하나의 이름이 순교자의 형제고, 친척이며, 아들이었다.

한강수에 실려 온 돛배는 어느덧 큰 바다에 접어들었다. 아스라이 멀어져 가는 핏빛 조국이 아름답고 애틋이 보이는 것은 '천주의 뜻'이 깃든 역설의 땅인 까닭이다. 몇 날이 흘렀을까. 예의 그 역설은 망망한 서해에서도 이루어져야 했다. 제 분을 이기지 못한 성난 바다는 무서운 기세로 달려들며 가녀린 편주 앞에서 거칠게 포효했다.

키가 부러졌다. 종선마저 휩쓸려갔다. 급기야 천사처럼 감싸주던 황포 돛의 날개마저 발기발기 찢기어서는, 꺾여버린 돛대 곁에서 파닥대고 있었다. 큰 산만한 파도가 삼켰다가 토해내기를 수도 없이 반복했다. 선실까지 치미는 바다를 쪽박으로 연신 퍼 재끼는데도 비와 바다와 눈물은 끊임없이 범벅되어 넘실거렸다. 비와 눈물을 머금은 사내들의 시선이 선장에게 내리쏠렸다. 도도한 눈빛의 어린 선장은 옷깃을 풀어헤쳐 품속 깊이 묻어둔 상본을 꺼내 들었다.

"겁내지 마시오. 우리를 도와주실 성모님이 여기 계시오."

선원들은 선장의 결기 어린 명을 받들어 바다의 별이신 성모께 기도했을 터이다. 순교자의 모후께 의지했음에 틀림이 없다. 성모께 의지한 선원들의 기도는 잠자던 예수님을 일깨워 바람과 바다를 꾸짖도록 하셨으리라. 지친 천사 라파엘을 다시 일으켜, 그의 남은 소명을 다하도록 하셨으리라.

"도대체 이분이 누구인데 바람과 바다까지 복종하는가?"

비와 눈물을 거두어낸 시선의 끝은 어느덧 중국 땅 언저리에 닿아 있었다.

'우리의 목자 페레올이 저기에 있다.'

천주의 뜻이 깃든 역설의 기적이 그렇게 눈앞에서 펼쳐지고 있었다.

대천사 라파엘, 나그네를 지키는 게 그의 소명이라 했던가. 부러진 날개에 만신창이가 되어서라도 황포배 '라파엘'은 천사처럼 그들을 지켜냈다. 틀림없이 완성될 그의 남은 소명은 선량한 교우들과 우리의 목자 페레올과 막 사제가 된 어린 선장 김대건을 핏빛 조국으로 다시 데려가는 일이다.

대천사 라파엘이여, 격랑 속의 우리도 당신의 황토빛 날개로 지켜 주시지 않겠소.

큰 나무가 그리워

장강의
위대한
페이지

양쯔(양자)강으로 더 잘 알려진 장강長江은 아시아에서 가장 길다. '물이 흘러가는 길'을 강江이라고 부르지만 이는 본래 양자강(장강)을 이르는 말이었다고 한다. '강'은 티벳에서 발원하여 대륙을 보듬어 와서 황해에 안긴다. 그리고 너른 바다와 긴 강이 만나는 언저리에 상해上海가 있다. 강과 바다의 기나긴 역정驛程이 이루어낸 문명의 도시에는 아무도 주목하지 않는 위대한 역사가 숨겨져 있다.

1845년 여름, 조선인 12명이 사선을 넘어 상해에 다

다랐다. 거친 황해가 토해낸 선원들은 바다를 잘 아는 항해사
도 배에 익숙한 고기잡이도 아니었다. 그저 천주의 뜻을 따라
열심히 살아가던 선량한 교우들이었다. 고해를 들어줄 사제,
동토의 조국에 천국 길을 일러줄 신부를 갈망한 게 그들의 유
일한 욕심이었다. 먼 바다를 본 적도 없는 사람들이 목숨을 담
보로 여기까지 온 것도 그래서였다. 조선의 주교로 임명된 페
레올 주교가 중국에 있었기 때문이다.

　　서양인의 모습으로 육로를 따라 조선으로 입국하는
일은 불가능했다. 마카오와 중국에서 사제 공부를 마친 김대
건을 홀로 조선에 들여보낸 것은 오늘처럼 바닷길을 개척하
려는 페레올 주교의 계획이었다. 대건은 무모하지만 성스런
계획을 완성해 가고 있었다.

　　상해는 얼마 전에 개항된 상태였으나, 거친 바다에서
만신창이가 된 쪽배와 선원들은 아무런 보호를 받지 못하고
밀항자 신세가 될 운명이었다. 상해로 들어가는 해안 길목의
오송 항구에서 대건이 나섰다.

　　마침 영국 함선의 함장들이 우리에게 다가왔습니다. 저는
그들에게 우리는 조선 사람들이며 선교사 신부님을 찾아

왔노라고 설명하고는 우리를 중국인들로부터 보호해 주고
또 영사관으로 안내해 달라고 청하였습니다. 그들은 매우
친절했고 저의 청을 기꺼이 승낙할 뿐만 아니라 포도주와
고기도 내어주고 또 저를 식사에 초대하였습니다.

_1845년 7월 23일, 상해에서 김대건 부제가 리부아 신부에게 보낸 편지

중국 관장이 의아해한 것은 당연했다. 만신창이가 된
난파선에서 거지처럼 초라한 행색의 조선인이 함선의 유럽인
들과 친밀하게 교제하는 것이 이해가 되지 않았다.

"저 사람은 조선 사람인데 어떻게 영국인들과 절친한
친구처럼 지내고 그들의 말까지 알아듣는가."

대건은 중국인 관장 앞에서 주저 없이 말했다.

"상해의 관장에게 조선 배 한 척이 수리하러 그곳으
로 간다고 통지하여 주시오."

영국 선원들의 도움과 중국 관리의 수락으로 대건은
상해로 들어갔다.

상해에 이르자마자 안드레아는 영국 영사를 방문하였습니
다. 영사는 그를 최상으로 맞이하였고, 이어 그를 가마에
태워 한 교우 집으로 보냈습니다. 거기서 그는 저에게 그의

도착을 알리는 편지를 보냈습니다. 저는 그를 마카오에서 알았고 또 그가 조선으로 돌아갈 때 강남에서 다시 만났습니다.

_1845년 7월 8일, 강남에서 고틀랑 신부가 예수회 장상에게 보낸 편지

난파된 선원들의 안위가 스물네 살 어린 선장에게 달려 있었다. 아니 그의 어깨에는 표류하는 조선 교회가 짊어져 있다. 험난한 항해의 여독을 풀어낼 겨를도 없이 대건은 자신에게 맡겨진 거룩한 소명을 수행해 갔다. 프랑스인 예수회 선교사 고틀랑 신부에게 긴박하게 도움을 청했다. 그리고 그는 대건의 요청대로 교우들이 기다리는 항구로 달려왔다. 강남 선교사 고틀랑이 난생 처음으로 만난 조선이었다.

그 배는 어떤 배였을까요? 우리 해군의 말처럼 그것은 차라리 한 짝의 나막신 같았습니다. 게다가 바다를 위해 만들어진 배가 아니고 내지의 강을 위해 만들어진 것입니다. (중략) 저는 배에 머물고 있는 용감한 사람들을 만나려고 서둘러 갔습니다. 12명의 조선 교우들 사이에서 제가 느낀 위로를 짐작할 수 있겠는지요. 그들은 거의 모두가 순교자의 아버지고 아들이며 친척이었고, 그 중 한 명은 주님을 위해 거

큰 나무가 그리워

의 온 가족을 희생시켰습니다.

_고틀랑 신부의 같은 편지

나막신같이 초라한 편주를 타고 목숨을 건 무모한 항해를 떠나온 그들은 순교자의 남겨진 가족이었다. 중국의 항구에서 난생 처음 경험한 선량한 조선이 그에게 잊을 수 없는 위로라고 했다. 교우들은 처음 만난 사제에게 알 수 없는 조선말로 말하기 시작했다.

"우리에게 고해성사를 주십시오, 고해한 지 6년, 7년이 넘었습니다."

1839년 박해로 목자를 모두 잃은 교우들은 그동안 고해성사도 미사의 은혜도 얻지 못했다. 성실하게 살아온 게 전부인데도 나약한 본성에서 비롯한 허물을 천주께 용서받고 싶다는 선량한 신앙을 사제 고틀랑은 목도하고 있었다.

부제가 맨 처음으로 왔습니다. 부제는 고해를 끝낸 다음 그 자리에 무릎을 꿇고 앉아서 차례로 그의 옆에 와서 무릎을 꿇는 선원들의 통역을 하였습니다. 고해에 앞서 나는 우선 통역이 있는 경우에는 모든 잘못을 고해할 의무가 없다는 것을 거듭 알렸으나 한결같이 '모두 고해하렵니다' 하는

장강의 위대한 페이지

대답뿐이었습니다.

_고틀랑 신부의 같은 편지

밤중에 시작된 고해성사는 다음날 아침 미사 시간 전
에야 마칠 수 있었단다. 동트는 장강, '나막신' 같은 라파엘 호
위에서 미사가 봉헌되었다. 고해성사를 배령하고 성체를 다시
모신 교우들의 감동은 이루 말할 수 없었다. 그러나 어쩌면 이
만남의 가장 큰 수혜자는 고틀랑 신부였다. 그는 감격에 찬 가
슴으로 조선 교우들과의 만남을 소상히 적어 두었다. 조선과
의 짧은 만남에서 영웅적인 용기를 보았고, 천주께 대한 지선
한 열망을 보았으며, 자신의 교회에 대한 교우들의 거룩한 사
랑을 확인하였다. 때로는 성사를 받는 교우보다 성사를 주는
신부가 더 큰 감동을 얻는다.

기나긴 장강의 역사를 두고 가장 위대한 페이지를 꼽
으라면 나는 서슴지 않고 대건과 저 선량한 교우들과 고틀랑
신부의 만남이라고 말하고 싶다. 천국을 향한 조선 교우들의
열정이 있고, 이를 발견한 서양인 신부의 감동 어린 시선이 있
다. 그리고 이 기적의 주인이신 천주께서 계시기 때문이다.

큰 나무가 그리워

황포 강에 잇닿은 상해의 도심은 중국 현대문명의 극치이다. 하늘 높이 치솟은 마천루들에서 연신 토해내는 불빛들로 도시는 밤을 잊은 것만 같다. 거대한 빌딩 숲에서 우리는 먼 산 중의 깊은 숲에서 길을 잃은 나그네처럼 조금은 초조한 마음으로 안내자를 뒤따랐다.

중국 정부의 푸동浦東 지구 개발 사업에 밀려, 이미 사라진 성당 터를 찾는 일은 쉽지가 않았다. 안내자의 기억에 의지해 방향을 알 수 없는 빌딩 사이를 이리저리 돌아, 보기에도 근엄한 건물 앞에 이르렀다.

정문에 들어서서 또 다른 건물들 사이로 열린 작은 길을 따라 들어갔다. 그리 인상적이지도 특별할 것도 없는 메마른 정원에서 우리의 걸음이 멈추었다. '김가항金家巷'! 이곳은 옛 '김가항 성당'이 있던 자리이다. 김 씨 성을 가진 사람들이 많은 마을이라 그렇게 불렀다고 한다. 김대건 안드레아가 이곳에서 사제로 서품되었다. 조선의 오랜 꿈과 기도가 실현된 장소이다.

우리는 며칠 후(1845년 8월 17일) 큰 위안을 가졌습니다. (페레올) 주교님은 안드레아에게 사제품을 주기로 하였습니다. 서품식은 상해에서 20~30리 떨어진 교우촌 김가항 소성당에서 거행되었습니다. 4명의 서양 신부, 1명의 중국인 신부가 참석하였고, 또 거기에 교우들이 무리를 지어 참석하였습니다. 가능한 한 장엄하게 거행하였습니다. 첫 조선인 성직자를 얻은 우리의 기쁨을 어떻게 다 표현할 수 있겠습니까! 안드레아는 이 나라의 첫 번째 신부입니다.

_1845년 8월 28일. 상해에서 다블뤼 신부가 바랑 신부에게 보낸 편지

김가항 성당은 나무로 뼈대를 세운 작은 성당이었지

만 거기 담아낸 역사만큼은 결코 작지도 초라하지도 않았다. 중국인 교우들이 밀려왔다고 했다. 이미 조선의 교구장이 된 페레올 주교가 서품식의 집전자였다. 그리고 무엇보다 대건과 함께 험난한 바다를 건너 온 11명 조선인이 이 축제의 가장 귀한 손님이다. 우리의 주교를 모시러 가겠노라며, 초라한 목선 라파엘을 타고 생명을 담보 삼아 여기까지 왔다. 그들은 모두 순교자의 형제이고 가족이었다. 깨끗이 빨아 입은 저고리가 다 젖도록 유난히도 눈물이 많은 사람이 있다.

> 조선인들 가운데는 마카오에서 죽은 학생(최방제)의 형(최형 베드로)이 있습니다.
>
> _1845년 8월 28일 상해에서 페레올 주교가 리부아 신부에게 보낸 편지

10년 전, 최형 베드로는 사랑하는 어린 동생을 신부 되라며 떠나보냈다. 사심도 없이 형제끼리 티격태격 다툰 말을 화해도 하지 못했는데, 동생은 이국땅 마카오에서 쓸쓸히 죽어갔다. 그렇게 함께 떠나갔던 대건이 사제가 되려 한다. 착하고 열심히 했던 동생을 기억할수록 새 신부 대건이 대견하고 애틋했을 것이다. 앞서간 동료 방제를 생각할수록 대건은 형에게 의지하고 싶었을 것이다.

꼭 감은 눈으로 펼쳐진 그날의 장엄한 광경이 생생하다. 제단 앞 저만치에 제물처럼 바쳐진 젊은이는 대건이다. 차가운 이국땅에서 엎드려 사제로 축성되는 조선 청년은 어떤 기도를 올리고 있는 걸까. 대지에 맞닿은 그의 심장이 대륙을 울려 조선까지 요동치는 것만 같다.

'천주여 그 심장의 외침을 들어주소서.'

감은 눈을 뜨기가 두렵다. 거대한 문명의 그림자는 가녀리게 피어난 우리의 추억을 송두리째 삼켜버릴 것이다. 흔적도 없이 사라진 자취가 슬프지만 아무런 원망도 하지 않는다. 첫 사제의 자취가 우리의 추억 속에 선명히 살아 있기 때문이다.

아쉬움을 뒤로하고 정원을 떠나면서 한쪽에 초라히 서 있는 대나무 몇 그루에 자꾸만 시선이 갔다. 예전 김가항 성당에는 대나무가 많았다던데, 한 폭 남은 묵은 대나무 숲은 그날의 추억을 간직하고 있을까.

큰 나무가 그리워

제주

김대건 길에서

　　친구 신부가 제주로 발령을 받았다. 가라는 데로 떠
나는 게 사제의 운명이라지만, 충청도에서 나고 자란 친구가
물 건너 낯선 곳에서 정붙이고 사는 건 쉽지 않을 것이었다.
약간의 걱정이 있었으나 바오로 신부는 어디 가 살든 적응하
고도 남을 거라며 이내 근심을 접어버렸다. 대신에 언제 제주
에 갈까 궁리했다. 다른 동기 신부들의 마음도 그랬는지 그가
부임할 성당에 대해 주인공보다 관심이 더 많았다. 그리고 머
지않아 궁리가 현실이 되었을 때, 살짝 놀랐다.

제주에는 천주교 제주교구가 지정한 순례길이 있다. 그 코스 가운데 '김대건 길'이 있고, 제주 올레의 12코스와 일부는 겹치기도 했다. 김대건 길의 출발점은 고산 성당이다. 바오로가 바로 이곳의 주임신부가 된 것이다.

'야, 너 김대건 신부님을 좀 본받으라고 여기로 보낸 거야.'

그에게 말하지는 않았지만, 그에게 하고 싶었던 말은 실은 나에게 하는 말이었다. 늘 김대건이었지만 다시 김대건이어야 하는 까닭이다.

이른 새벽에 눈을 떴다. 바뀐 잠자리 때문이기도 했으나 김대건 길을 걷고 싶었다. 성당을 나와서 수월봉·당산봉으로, 다시 용수포구로 이어갔다. 걷는 내내 마주한 바다는 호수처럼 잔잔했다. 풍랑에 시달려 돛도 없이 밀려온 라파엘 호를 포근하게 받아준 바로 그 바다였다. 맑은 하늘이라 바다의 경계가 어디인지 분간할 수가 없다. 속세에 찌든 허파로나마 한껏 들이마신 신선한 하늘이 단전까지 밀려왔다. 형체가 또렷한 차귀도 너머에 만신창이가 되어서 떠밀려 오는 라파엘 호가 보일 것만 같다.

　　　　　　　　　　　큰 나무가 그리워

제주 용수리 포구,

파도에 떠밀려 잘못 간 제주라 하였던가.

용수야말로 섭리가 아니었을까.

백두에서부터 한라까지 대건의 운명은 조선의 목자이어야 하다는 듯이.

우리는 9월경에 강남을 출발하였습니다. 바다에서 여러 차례 폭풍우로 시달렸고 바람은 더욱 거세어져 키가 부러졌습니다. 그래서 배가 파손되지 않도록 돛대를 베어버리고 항해를 계속했습니다. 거센 역풍으로 우리는 제주도까지 떠내려갔습니다.

_1845년 11월 20일, 한양에서 김대건 신부가 리부아 신부에게 보낸 편지

신부님, 우리가 얼마나 기뻤겠는지 생각해 보십시오. 우리는 여행의 목적지에 닿았고 고생도 끝났다고 믿었습니다. 그러나 가엾은 안드레아 신부가 큰 오산을 하고 있었습니다. 이튿날(1845년 9월 28일) 첫 번째 작은 섬에 닿아서 주민들에게서, 우리가 도착한 곳이 우리가 상륙하고자 하던 곳에서 천 리 이상이나 떨어진, 반도의 남쪽, 제주도 맞은편에 있다는 말을 들었을 때 우리의 놀람과 고통이 어떠하였겠습니까?

_1845년 10월 29일, 강경에서 페레올 주교가 바랑 신부에게 보낸 편지

김대건 길의 절정은 용수포구이다. 부서진 라파엘 호가 이곳으로 떠밀려 왔기 때문이다. 힘없이 표류하던 망망한 바다에서 희미하게 보이던 큰 섬 제주를 반도의 내륙으로 믿

고 크게 기뻐했다. 두렵고 긴 항해에서 파라다이스와 같은 기대가 신기루처럼 무너지는 현실이 실망스럽기도 했을 것이다. 하지만 아무 때나 아무렇게나 찾아와도 반가이 맞아주는 할머니처럼 용수는 지친 조선의 아들들을 말없이 품어 주었다. 절망은 없었다.

그들의 순례는 용수에서 다시 시작되었을 뿐이다. 짧은 휴식으로 다시 힘을 얻은 그날의 김대건 신부 일행이 그랬듯이, 잰 순례에 가쁜 숨을 용수포구에서 고르고 나서, 남은 순례를 다시 이어갔다.

늦은 저녁, 바오로 신부의 사제관으로 돌아와 지나간 길을 돌이켜 보았다. 굵게 칠해진 김대건 길을 걸어온 게 뿌듯하다. 지도를 짚어가며, 용수에서 상해로 마카오, 압록, 두만, 백두까지 첫 사제의 지나간 여정을 그려 보았다.

그제야 알게 되었다. 파도에 떠밀려 잘못 알고 간 제주라 하였던가. 용수야말로 섭리가 아니었을까. 백두에서부터 한라까지 대건의 운명은 조선의 목자여야 한다고 말하는 듯했다. 여기도 첫 사제의 자취를 품은 조선이라서 흐뭇하게 안도하며 잠이 들었다.

87   제주 김대건 길에서

강경, 조선의 꿈이 실현되다

강경 포구의 금강 사진을 찍겠다고 진작 마음을 먹었으나 차일피일 미루다가 시간을 흘려보냈다. 사진을 꼭 써야 할 때가 임박해서야 날을 잡은 탓에 촬영하기 좋은 날씨의 날짜를 잡지 못했다. 약속된 날, 이른 아침부터 들어선 고속도로에 옅은 안개가 내려앉았다. 한편으로 걱정을 하면서도 안개가 낀 아침은 맑은 날이 될 거라며 긍정적인 생각으로 차를 몰아갔다.

사진가들과 만나기로 한 황산대교에 이렀는데도 역

시 옅은 안개가 큰 강을 감싸고 있었다. 아침 해가 강물에 비치면 금빛 물결이 비단처럼 곱게 펼쳐질 거라 기대한 건 요행을 바라는 게으른 자의 욕심이었다. 기일을 넉넉히 주지 못해서 비롯된 사태 때문에 난감해하는 작가들의 마음은 아랑곳하지 않고, 안개 속에 감싸인 강물 위로 물안개까지 피어오르는 모양이 신비스럽고 황홀해 보였다.

금강錦江이 가리키는 이름대로 '비단처럼 고운 물결'이라면, 흘러온 땅과 세월의 자취가 꼭 들어맞는다. 전라도 장수에서 발원한 샘물은 대지를 흐를수록 큰 강물이 되어, 대전과 충청을 쓸어안고 옛 도읍 공주와 백마강을 거쳐 군산만으로 흘러갔다. 천리나 되는 먼 길을 달려온 것도 그렇거니와 천년을 훨씬 넘겨 흐른 노고를 기억한다면 오늘처럼 신비하고 귀한 대접을 받을 만도 하다.

백제왕 누군가가 금강을 해자垓子로 삼아 도읍을 공주로 삼은 일이나, 의리 깊은 궁녀들이 백마강에 기꺼이 헌신했다는 전설이 유명하다 하더라도, 1845년 강경에서 이루어낸 꿈의 실현, 그 위대한 역사는 결코 넘어서지 못할 것이다.

역풍의 거센 바람은 우리를 제주도에까지 떠내려가게 하

였습니다. 그 후 여러 날을 소비하여 '강경'이라고 부르는 항구에 도착하였고, 하느님의 도우심으로 아무런 역경을 당하지 않고 신자들의 영접을 받았습니다.

_1845년 11월 20일, 김대건 신부가 리브와 신부에게 보낸 편지

1845년 10월 12일 밤, 금강이 싣고 온 라파엘 호가 조선에 안겼다. 대건이 사제가 되어 돌아왔다. 사제를 그리던 조선 교회의 간절한 희망이 강경의 품에서 실현된 것이다. 새 주교 페레올과 순교자가 될 다블뤼도 함께였다. 조선의 꿈을 이룰 수만 있다면 자신의 목숨과 맞바꿔도 괜찮다며 죽음의 바다에 뛰어든 11명의 선원들도 강경이 그 품에 와락 안아 주었다.

사공 두 사람이 우리를 등에 업고 순교자들의 땅에 내려 주었습니다. 내 착좌식은 그리 화려한 것이 못되었습니다. 이 나라에서는 모든 것을 조용하고 은밀히 해야 합니다. 우리는 야음을 타서 앞장서서 가는 신자의 집으로 향했습니다. 그 집은 흙으로 지어진 초라한 초가집이었는데, 방이 두 칸 있었고, 높이가 석 자인 입구가 출입문도 되고 창문의 역할도 하는 것이었습니다. 그 안은 사람이 서 있기 어렵습니

큰 나무가 그리워

다. 너그러운 그 집 주인은 우리에게 숙소를 내주려고 앓고
있는 아내를 다른 곳으로 옮기게 하였습니다.

_1845년 10월 29일, 강경에서 페레올 주교가 바랑 신부에게 보낸 편지

페레올 주교의 착좌식은 고요하고 초라했다. 그러나
순교자의 땅은 그의 거룩한 주교좌가 되고도 넉넉히 남을 것
이다. 조선의 교구장 페레올 주교는 최고 목자로서 자신의 소
명을 금강변 도시, 강경에서 그렇게 시작했다. 막 사제가 되어
돌아온 김대건 신부 역시 조선을 위한 첫 번째 직분을 비단
물결이 아름다운 강경에서 시작하였다. 조선 교우들의 소박하
고도 간절한 꿈이 이루어진 역사의 현장, 강경이 귀하고 아름
다운 이유다.

아침 안개가 걷히면 맑은 하늘이 드러날 것이다. 그
러면 귀하고 신비로운 강물은 빛나는 강경의 역사를 그 위에
실어, 비단결처럼 곱게 빛나는 '금강'이 되어 흐를 것이다.

강경, 조선의 꿈이 실현되다

사랑받는 사제, 김대건

김대건 신부님은 한국 사제들의 수호자이다. 한국의 사제들에겐 그의 자취가 운명처럼, 복된 멍에처럼 어깨에 메어졌다. 영웅적인 순교가 본보기가 되는 것이 사실이지만 먼 여정을 치열하게 가야 하는 게 오늘의 신부라서, 때로는 순교자 말고 사제 김대건이 더 궁금했다. 짧은 생이 아쉬운 만큼 귀하고 애틋했을 그냥 '우리 신부님' 말이다. 고맙게도 신부님에 대한 증언들이 이 궁금증을 조금이나마 해소해 준다.

큰 나무가 그리워

복자나 성인으로 선포하는 시복·시성은 교황청에서 한다. 시복 대상자가 생기면, 교황청으로부터 위임 받은 지역 교회는 자료를 모으고, 재판의 형식으로 검증을 한다. 그 기초 단계의 검증자료를 정리한 것이 시복재판록이다. 김대건 신부에 대한 증언들은 《기해·병오 순교자 시복재판록》에 수록되어 있다. 그가 1846(병오)년 박해 때 순교하였기 때문이다. 세련된 문서들보다 신부님에 대한 기억을 거칠게 그려내는 증언들이 때로는 더 정감이 있다.

1년 하고도 1개월, 김대건 신부님이 사제로 산 기간은 딱 그만큼이다. 그나마 상해로부터 입국을 위한 항해 기간과 옥중 생활을 빼고 나면 조선에서 신부로 활동한 건 8개월도 안 된다. 짧은 사제 생활 동안에 김대건 신부님을 만나본 사람들은 그래서 행운아다.

김 안드레아 신부는 시골 사람으로 어려서 어떻게 지내신지 모르되 타국으로 가셨다가 돌아오신 지 얼마 아니 되어 미나리골 첫 공소 김 회장 집에서 죄인이 영세와 견진성사까지 받았사오니, 그때 신부 나이 25세이시고, 키 크시며 얼굴이 잘나시고 성품이 씩씩하여 끔찍이 장성하시더라.

_《기해·병오 순교자 시복재판록》 1885년 9월 26일 원 마리아

사랑받는 사제, 김대건

김 신부님은 키가 크고 얼굴이 잘생겼단다. 이건 닮기가 조금은 어렵겠다. 성품은 씩씩하고 활동적이었다고 하는데 의외다. 신부님을 그린 초상화들은 하나같이 무게 있고 조금 근엄해 보이던데, 그림이 더 익숙해서인지 그게 어울리지 않나 싶어서다. 교우들에게는 쾌활한 성격의 신부님이 인상적이었나 보다.

스승 신부들은 신학생 대건을 무모하리만치 열성에 찬 젊은이로 보았다. 조금은 걱정스런 심정으로 말하는 이도 있었지만, 초기 한국천주교회의 역사에는 그의 무모함도 한몫을 했던 건 아닐까. 건강은 썩 좋지는 않았던 것 같다. 배앓이를 자주 하고, 두통에다 영양실조라도 걸린 것처럼 머리칼도 힘없이 빠지곤 했다니 말이다.

죄인이 김 신부께 첫 성사를 양지 '터골'서 받잡고, 병오년(1846)에 신부가 은이 상뜸이 모친댁에 계시다가 "멀지 않은 장래에 길을 가겠다." 하신 즉 신부 모친이 부활첨례나 본 후까지 기다리기를 청하매, 부활첨례 보시고 1부 첨례날에 떠나······.

_《기해 · 병오 순교자 시복재판록》 1884년 4월 21일 임 루치아

큰 나무가 그리워

김 신부가 조선으로 오신 후에 서울도 전교하시고 용인 지방과 근처에도 성사 주실 때 교우들이 극진히 사랑하여 찬양하더라.

_《기해·병오 순교자 시복재판록》1884년 5월 24일 김 프란치스코

10년 가까이 헤어졌던 어머니를 불과 며칠 만나면서도 빨리 떠나겠다고 말한 김대건은 매정한 사람이 분명하다. 다만 어머니의 간청을 아주 조금 들어주었으니 용서하기로 한다. 사제 김대건을 만나본 옛 교우들의 시선이 나의 인간적인 기대와 크게 다르지 않아서 다행이다. 손으로 만질 수 있을 것 같고, 터놓고 대화할 수 있을 것 같아서다. 그렇더라도 교우 김 프란치스코의 말만은 그냥 지나쳐지지가 않는다.

'교우들이 극진히 사랑하더라.'

너무나 짧은 사제 생활을 하신 김대건 신부님을 만난 교우들이 행운이라고 한 건 정답이 아니었다. 짧은 사제 생활에 교우들의 사랑을 극진히 받은 김대건 신부님이야말로 진정한 행운아였다.

'사랑받는 사제', 아무 한 것도 없이 그런 신부이고만 싶은 기대는 염치도 없는 욕심이겠지.

사랑받는 사제, 김대건

그렇소, 나는 천주교인이오!

전국 공무원 피정이 솔뫼 성지에서 있었다. 나라의 공적인 서비스를 제공하기 위해 봉직하는 이들이 모두 공무원이겠지만 이날 모인 이들은 주로 중앙과 전국의 지방자치 단체에서 일하는 행정공무원이었다. 모임의 정식 이름은 '전국 가톨릭공직자가족 피정대회'이다. 매년 교구별로 지역을 번갈아 가며 천주교 신자로서, 공직자로서의 신원을 확인하고 공감하는 자리이다. 올해는 대전교구에 속한 충청남도 행정공무원 모임, '솔뫼회'에서 주관하되, 솔뫼 성지에서 하기로 한

큰 나무가 그리워

것이다. 덕분에 전국의 수많은 공직자들과 그 가족이 솔뫼를 찾았다.

솔뫼 성지 신부라서 협조할 일이 좀 있었고, 모인 사람들을 위한 특강도 맡게 되었다. 하루 피정은 시간이 길지 않은 데다가 의전행사도 있으므로, 강의 시간을 넉넉히 할애할 수는 없었다. 짧은 시간에 김대건 신부님을 강렬하게 전해야 한다는 게 적잖이 부담스러웠다.

김대건 신부님과 공무원의 이미지도 영 어울리지가 않아 보였다. 조선 시대로 치면 싫든 좋든 그들의 역할은 박해자였을 것이다. 그러므로 박해자와 순교자의 운명적인 만남이라고 할까. 아무튼 어색한 만남을 주선하고, 서로 친밀해지도록 만들어서 일을 성사시키는 거간꾼의 역할이 그날 나에게 주어졌다.

사실 공무원은 주어진 분야에서 봉사의 직무를 성실히 수행하는 사람이다. 그렇게 따지자면 나라에서 봉급을 받지 않을 뿐이지 우리 모두는 공무를 하고 있는 셈이다. 학교에서 공부하는 일이 어찌 학생 혼자만을 위한 일이겠는가. 공사장에서 일하는 인부도, 들에서 모를 심는 농부도 자기 일을 성실히 하는 것으로 세상에 봉사한다.

그렇소, 나는 천주교인이오!

조선 박해기에 이도기 바오로라는 옹기장이가 있었다. 충청도 청양 태생으로 1798년 이웃 고을 정산에서 순교한 인물이다. 조정은 천주교를 '사악한 가르침(사학)'으로 규정했고, 백성이 천주를 믿는 게 죄가 되던 시절이었다. 그 시절 이도기는 '사학의 괴수'로 지목되었다. 나라도 부모도 없는 패륜아로 낙인찍힌 그가 배교하라는 강요와 회유를 당했던 것은 말할 것도 없다.

> 천주 계신 후에 만물이 있고, 만물이 있은 후에 부부가 있고, 부부가 있은 후에 군신이 있음입니다. 천지 있은 후에 있으시되 천주는 천지의 임금이요, 만물의 주재요, 만민의 대부모이니 효제충신의 근원입니다. 임금에게 충성하고 부모에게 효도하는 도리며, 이는 천주십계 제 4단에 있으니 어찌하여 부모도 없고 임금도 없다고 합니까?
>
> _ 25쪽 《정산일기》 (김윤선 옮김, 흐름, 2019)

남의 물건을 훔친 적도 없고, 다른 사람을 해친 적도 없는데, 1년 넘게 옥에 갇혀 헤아릴 수 없는 모욕과 고초를 겪었다. 그런 이도기를 눈여겨본 아전이 있었다. 천주를 믿은 것이 전부였던 선량한 사람이, 사리에도 어긋나지 않는 언변을

큰 나무가 그리워

가진 것에 솔깃했던 모양이다. 하루는 아전이 옥문을 느슨히 해놓고, 도망하라는 눈치를 보냈다. 양심의 가책이 들었던 걸까, 나라의 명을 거스를 수도 없고 그렇다고 죄 없는 사람을 가둘 수도 없는 딜레마에 빠졌을지도 모른다.

아전의 행동을 모를 리 없지만 이도기는 도망치지 않았다. 부끄러울 것도 없고, 틀린 말도 하지 않았으니 도망할 이유가 없었다. 자신은 천주교인으로서 사명에 충실할 따름이고, 아전은 자신의 본분을 다하는 것이 하늘의 뜻이 아니겠는가.

아전의 배려에도 불구하고 도망하기를 거부한 이도기는 그 해 7월, 형장의 이슬로 사라졌다. 그리고 2014년 프란치스코 교황은 그를 복자로 선포하였다. 그의 죽음은 영예로운 순교로 세상의 역사에 남게 되었다.

'공무원은 옛날로 치면 박해자'일 거라고 너스레를 떤 뒤에 순교자 이도기를 이야기했다. 이도기가 떠오른 것은 나름 이유가 있다. 그의 태도와 말에서 주어진 소명에 성실한 것이 세상을 위한 일이고, 하늘의 뜻일 거라고 읽혔기 때문이다.

험난한 역경을 딛고 사제가 되어 돌아온 김대건 신부가, 은밀하게나마 자유로이 활동한 것은 8개월밖에 안 된다. 1846년 6월 선교사들을 입국시키려고 서해 길을 탐색하던 김 신부 일행은 황해도의 섬 순위도에서 관원들에게 체포되었다. 관가로 끌려온 그에게 관장이 처음으로 이렇게 물었다.

"당신이 천주교인이오?"

김대건 신부의 답은 짧고 명료했다.

"그렇소, 나는 천주교인이오."

그의 고백은 운명을 결정지었다. 대건은 순교자가 되고, 성인이 되었다.

요즘 들어 나에 대한 설명이 자꾸 장황해진다. 이력을 부연하면 할수록 사실에서 멀어지는 느낌이다.

'그렇소, 나는 천주교인이오.'

천주교 신자를 신부라는 방식으로 살아가는 거라면 어떨까. 신자라는 이름으로 진지하게 하루를 사는 교우는 성인과 복자의 길을 이미 걸어가고 있다.

큰 나무가 그리워

순
교
자

김
대
건

가을이 시작되는 9월은 성지순례자가 많다. 성지순
례라고 마냥 비참한 죽음만을 생각할 필요는 없다. 하늘도 높
고 단풍도 고운 가을에 상쾌한 기분으로 의미까지 더한 곳으
로 순례를 떠나려는 마음에 격하게 동의한다. 이런 생각을 알
아차린 것일까, 아니면 속된 순례자의 마음에 제동을 걸려는
걸까. 한국천주교회는 진작부터 9월을 '순교자성월'로 정했
다. 우리나라 순교성인들을 기억하자는 것이다.

사제들은 순교자를 기념하는 미사 때마다 붉은 색 제

의를 입는다. 목숨을 바친 순교자의 선혈을 상징하려는 것이다. 붉은 제의를 입을 때마다 묘한 기분이 든다. 붉은 빛으로 몸을 감싼 그날에는 순교가 마치 자신의 운명이라도 되어야 할 것처럼 비장함이 느껴진다.

9월이 순교자 성월인 것은 순교자가 가장 많이 났기 때문이다. 알곡만 남고 풀과 쭉정이는 말라버리는 게 속성이라, 쓸쓸한 가을을 '숙살肅殺'의 시기라 했단다. 그 옛날 천주를 알지 못하는 나랏님들은 '숙살'의 때를 기다렸다가 칼을 들었다. 그래야 천행을 거스르지 않고, 그래야 불행을 피한다고 생각했더란다. 추분이 깃든 9월에 순교자가 유난히 많은 이유다. 9월 16일, 첫 사제 김대건이 메마른 풀과 함께 쓸쓸히 죽어간 이유다.

김대건 신부님의 고향 솔뫼는 순교자가 많이 나기로 유명한 '내포'의 한 복판이다. 개(浦)가 육지 깊숙이 치고 들어온 형국이라 '안개內浦'로 말하던 것이, 한자말 '내포'로 적으며 그렇게도 불렀다. 그래서 내포에는 검은 흙이 많다. 차진 개흙이 삽자루에 자꾸만 엉겨 붙었을 텐데, 개펄 자락에 둑을 쌓고 발로 다져서 척박한 땅이나마 새 터를 일구어냈다. 거기 쏟아 낸 땀과 피와 눈물이 거름이 되는가 싶더니, 검은 박토는 어느

　　　　　　　　　　큰 나무가 그리워

새 탐스러운 곡식을 자아내는 옥토가 되었다.

> 땅은 푸른 싹을 돋게 하여라.
>
> _창세기 1장 11절

천주의 명을 따라 그들의 손과 발이 창조의 업을 이어왔다. 황금빛으로 물든 내포의 대지는 그렇게 천주의 뜻을 이루어내고 있다.

황금빛 내포를 닮아서일까. 늘 푸르른 소나무라지만, 솔뫼 소나무 이파리의 끄트머리가 노란빛의 단풍으로 소박하게 물들었다. 저렇게 곱고도 이렇게 풍성한 내포의 자태는 '숙살'의 때에 이른 생명들의 죽음을 앞둔, 죽음을 향한 절체절명의 아름다움이었나 보다.

1846년 9월 16일, 그날도 내포는 태초로부터 이어온 소명에 순명하고 있었다. 검은 개흙에서 황금의 곡식을 자아내고, 푸른 소나무는 소박한 원색으로 채색되고 있었다. 내포의 가을이 아름답게 익어가던 그 시간에 한강변 새남터의 모래사장도 붉은 빛으로 곱게 물들어가고 있었다.

순교자 김대건

법장法場으로 가실 때 죄인이 서소문 밖에서부터 새남터까지 따라가옵고 당고개에 이르러 한참 지체할 때 김 신부가 들것에 앉아 땀이 흐르고 상투 풀어지매 군사 한 사람이 다시 상투를 짜주는 것을 친히 보았삽고, 김 신부가 보라색 겹저고리 입으시고 머리를 들어 좌우를 살펴보시더라. 법장에 이르러 군문효수 법대로 하다가 팔방 돌릴 때에 매우 기뻐하는 모양으로 바삐 돌아다니시고 칼 받으실 때 두 번만에 머리 베어지던 기억이 있습니다.

_《기해·병오 순교자 시복재판록》86회차, 박 베드로 두 번째 증언

군문효수軍門梟首, 참수한 머리를 군대의 문 앞에 메달아 군과 백성에게 경계토록 하라는 나라의 명 때문에 고운 백사장 새남터는 사형수의 형장이 되어버렸다. 새남터는 훈련도감 군인들의 교장이었다.

천주께 받은 소명으로 조선의 백성들을 일깨우려 했다. 백성의 구원을 위한 선한 열망이 죄가 되고 벌이 되는 서글픈 인생이었다. 가족과 부모와 자신의 청춘마저 희생시킨 마지막 대가는, 망나니의 칼춤으로 보답되었다. 망나니의 흥겹고도 서글픈 역설의 춤사위가 멈추는 순간 대건은 25년 인생의 긴 희생제도 마무리했다.

새남터 모래사장이 진홍빛으로 곱게 물들던 그날도 내포와 솔뫼는 오늘처럼 아름답게 물들었을 것이다.

순교자 김대건

달릴 길을 다 달리고

아침 기운이 차가워졌다. 미사에 가면서 문득 어깨가 움츠러든 걸 의식했다. 가슴을 펴고 숨도 크게 들이켰다. 신선한 공기가 폐부 깊이 밀려들면서 성스러운 땅마저 덩달아 빨려오는 느낌이다. 여름 수단을 들이고 동복으로 갈아입어야겠다고 옷장을 열었다가 보라색 띠가 눈에 띄었다. 보라색은 대림절과 사순절에 착용하는 제의 색깔이다. 띠는 제의 속에 입는 희고 긴 장백의를 허리에 단단히 동이는 역할을 한다. 성탄을 앞둔 4주간이 대림기간인데, 띠를 미리 내놓을까 집었다가 그냥 두었다. 그러잖아도 얼마 남지 않은 해를 빨리 떠나보내려고 재촉하는 것 같아서다.

고대 로마에서 자색은 황제의 색이었다. 우리나라에서도 왕손들에게 자색 용포를 입혔다고 한다. 동서를 막론하고 자색 옷은 권위와 기품의 상징으로 여겨졌나 보다. '유다인의 왕'이라는 죄목으로 십자가형을 받은 예수님은 가시관에 자색 옷이 입혀진 채 비웃음과 수모를 당했다. 그래서 자색 제의는 수난과 속죄와 보속을 상징한다.

대림절이 아직 멀었어도 자색의 띠가 눈에 들어온 것은 다행이다. 성찰하는 일에 게으르고 속죄에 인색해진 양심을 살피도록 은근히 자극하고 있어서다. 솔뫼 성지에 살며, 김대건 신부님의 역사를 섭렵해 가면서도 그와 긴밀히 호흡하지 못하는 둔감함도 마찬가지다. 신앙을 살아가는 모양은 얼굴 생김새만큼이나 다양하다. 당분간은 '김대건'을 통해서 그리스도를 바라보려 한다. 그 시선으로 신앙을 일신하고, 인생 순례길의 한 지표로 삼으려는 것이다.

김대건 신부야말로 숱한 길을 걸었다. 솔뫼 숲 성긴 틈을 비집고 난 오솔길에서 생의 첫 걸음마를 떼었을 것이다. 그렇게 내친 발걸음이 거친 들과 메마른 사막을 지나왔다. 물에 빠지고 눈에 뒹굴며 생사의 경계를 수없이 넘나들었다. 25년 1개월의 나이가 되도록, 막혀서 돌아가고 잘못 들어섰다가 고쳐간 적은 있어도 후회하거나 포기한 적은 없었다. 그리고 마침내 쉼도 없는 기나긴 순례의 절정 새남터에 다다랐다.

> 군문효수하러 나갈 때 들것 타고 두 다리는 들것 채에 묶였으며 결박하고 상투 풀어 앞으로 매고 보라 겹저고리와 삼승 고의를 입으시고 안색이 태연하시어 가시는 것을 죄인이 사거리에서 보았으니 때는 병오년 7월 27일이오며……

_《기해·병오 순교자 시복재판록》 91회차, 박 글라라 두 번째 증언

> 김 신부가 보라 겹저고리 입으시고 머리를 들어 좌우를 살펴보시더라. (중략) 칼 받으실 때 두 번 만에 머리 베어지던 기억이 있습니다. 시체 찾기에는 죄인이 간섭함이 없었으나 교우들이 찾아다가 먼저 문배부리에 건조하였다가 군난이 그친 후에 양성 미리내로 발인하여 장사 지냈다는 말을 들었습니다.

_《기해·병오 순교자 시복재판록》 86회차, 박 베드로 두 번째 증언

보라색 겹저고리를 입고 형장으로 향하는 청년 사제

큰 나무가 그리워

는 빌라도 앞에 자색 옷을 두른 예수님을 닮았다. 젊고도 고운 청춘을 사르는 게 서럽지도 않은지, 기꺼운 낯으로 태연하게 칼을 받았다는 목격자의 증언은 자랑스러우면서도 마음 아리다. 비웃음과 수모 속에 사그라져 가더라도 대건은 그들을 위해 기도해야 한다. 그는 유일한 조선의 목자이기 때문이다.

마지막 수난 길을 끝까지 걸어, 십자가에 달린 그리스도처럼 대건은 새남터를 휘휘 돌아 딛고 선 형장에서, 베어진 머리가 군문 위에 매달렸다. 솔뫼의 오솔길, 걸음마에서 비롯한 그의 순례는 새남터 사장에서 그렇게 끝을 맺었다.

세상이 버린 젊은 순교자를 형장의 무심한 모래바람이 잠시나마 덮어 주었다. 교우들은 순교자의 시체를 찾아다가 양성 땅에 묻어 주었다. 그날은 1846년 10월 26일이란다. 고된 육신의 순례마저 완성된 것이다.

천주의 뜻이 있어 솔뫼가 그를 품고 내었듯이, 천주의 뜻대로 그는 미리내의 고운 흙으로 되돌아갔다. 천국에서 만나자며 하늘 길로 앞서간 착한 목자가 그립다. 언제가 천국에서 만나게 될 때, 그는 예수님을 닮은 모양 그대로, 보라색의 고운 저고리를 귀공자처럼 차려입고 있을 것이다.

달릴 길을 다 달리고

남은 자의
슬픔은

성지에 살고 있어도 성지순례를 자주 간다. 갔던 곳을 다시 가더라도 전혀 다른 느낌일 때가 많다. 성지의 외관이 변해가는 탓도 있겠지만 그날의 마음 상태에 따라 달리 보이는 까닭이다. 그러고 보니 같은 성지는 있었어도 같은 순례는 없었다.

하루는 거기 신부님의 강론을 들으며 울컥 눈물을 쏟았다. 감성에 호소하는 강론이 항상 좋은 것은 아니지만 때로는 옛 교우들의 감동 어린 이야기에서 소원해진 나의 신앙을

큰 나무가 그리워

되돌아보곤 한다. 그날이 꼭 그런 날이었다. 신부님의 강론 속 에피소드도 익숙한 성지처럼 어려서부터 여러 번 들어 알고 있는 이야기였다.

　　김대건과 최양업이 유학을 떠나고, 그들의 아버지들은 모두 잔인하게 처형되었다. 가장을 잃은 남겨진 가족을 생각하니 벌써부터 가슴이 먹먹해 왔다. 대건의 어머니는 교우 집을 전전했고, 양업의 어머니는 어린 자식들을 차마 떨치고 갈 수 없어 잠시 한 배교를 돌이켜서, 순교자가 되겠다고 관가로 돌아갔다.

　　당고개를 형장으로 삼은 날짜도 정해졌다. 처형일이 다가오자 양업의 동생들은 동냥으로 모은 곡식을 들고 망나니를 찾아갔다. 험상궂은 망나니가 무서웠을 텐데도, 참수에 쓸 칼을 날카롭게 벼리었다가, '우리 엄마 아프지 않게 한 번에 베어달라' 사정하고 떠나갔단다. 쓰린 시간을 감내하고 나서 큰 형 양업이 사제가 되어 돌아오면, 하늘로 떠나간 엄마 아빠도 살아남은 자신들의 쓰린 상처도 너끈히 위로가 될 것이었다.

　　양업과 대건은 혼자가 아니었다. 조선의 예비 사제들에게는 공동의 희생을 감내하는, 남겨진 부모 형제, 고향에 남은 교우들이 있었다. 어쩌면 더 깊은 상처가 남은 자의 몫이 되어, 조선 사제의 영광에 참여하고 있었다.

부모를 앗아간 1839년 박해의 뼈아픈 소식을 가슴에 묻어둔 채, 대건과 양업은 조선의 사제로 양성되어 갔다. 1844년 함께 부제가 되었다. 대건이 먼저 사제가 되어 조선으로 돌아갔다. 하루라도 빨리 자신의 뜨거운 심장으로나마 동토의 조국을 훈훈히 녹이고 싶었을 것이다. 조선으로 향한 그의 발걸음이 가벼워 보였다.

홀로 남겨진 양업은 국경의 겨울을 무던히도 기다렸다. 어서 조선으로 돌아가야 하는 까닭이다. 대륙을 꿰뚫고 나온 발걸음이 접경에 가까우면 가까울수록 멀리 보이는 고국의 하늘이 점점 더 눈부시게 보였다. 시린 기운에 바위처럼 얼어붙은 압록강은 열혈의 조선 청년을 마른 발로 고국까지 건네주리라.

변문 마을에는 고향까지 동행해 줄 교우들이 기다리고 있을 것이다. 정확히 10년 전, 나라의 경계를 넘어서던 열다섯 살 동갑내기 세 소년은 야무지게 이를 악다물었다. 굳게 다문 입으로부터 입아귀로 도드라진 핏줄이 그들의 비장함을 말하고 있다. 아직은 왜소한 소년들의 어깨 위에 슬픈 교회,

조선이 멍에처럼 얹히어 있다. 우리말로 고해를 들어주고 같은 말로 위로해줄 착한 목자를 갈망하는 까닭이다. 그 간절함으로 여기까지 배웅하던 교우들이었다.

그들의 간절함이 기도가 되어 천주께 이르렀음에 틀림이 없다. 안드레아는 이미 사제가 되었다. 마음 넓은 친구 프란치스코는 하늘 아버지께 서둘러 가서 슬픈 조국을 위한 전구자가 되었다. 이제 청년 부제 도마가 상처투성이의 조선을 향해 여기까지 이르렀다. 저물어 가는 남녘 하늘이 유난히도 붉게 물들어, 떠나온 그날만큼 곱고도 아름다웠다.

변문에 도착하여 보니 희망이 산산이 무너졌습니다. 너무나 비참한 소식에 경악하였고, 저와 조국의 가련한 처지가 위로받을 수 없을 만큼 애통하였습니다. (중략) 특히 저의 가장 친애하는 동료 안드레아 신부의 죽음은 신부님께도 비통한 소식일 것입니다.

_1847년 4월 20일. 홍콩에서 최양업 부제가 르그레즈와 신부에게 보낸 편지

하늘이 유난하게 붉고 고운 것은 순교자의 선혈이 반영되어서일까. 발길을 되돌리는 도마의 눈에 참았던 눈물이 흘러내렸다. 맑은 영혼에서 비롯한 투명한 눈물인데도 그의

　　　　　　　　　　　　남은 자의 슬픔은

얼굴이 핏빛으로 범벅돼 보였다. 붉은 석양이 눈물에 비낀 까닭이다. 아니 핏빛 조국의 슬픈 운명과 하나가 된 까닭일 게다.

다시 이방인으로 되돌아온 양업은 장한 순교자들과 동료의 순교 행적을 라틴어로 옮겨 적었다. 그것이 자신에게 큰 위로가 된다고 했다. 그가 적은 사실들은 훗날 대건의 시복諡福 재판에 증거가 되었다. 흐르는 눈물 때문에 막 적어낸 잉크가 자꾸만 번져났을 텐데, 어렵게 쓰여 교황께 보낸 순교자의 고백은, 복자가 되고 성인이 되어 우리에게 되돌아왔다.

성인들을 기억할수록 도마 부제의 서러운 마음과 눈물이 그래서 더 아른거린다.

큰 나무가 그리워

성 김대건 신부 기념일에

7월 5일은 '성 김대건 안드레아 사제 순교자' 기념일이다. 솔뫼 성지에서는 해마다 이날을 성대하게 기념해 왔다. 언제라고 할 것도 없이, 오래 전부터 잊지 않고 솔뫼를 찾았던 교우들을 떠올려 보면 성인 김대건 신부님께 대한 사랑이 특별한 게 분명하다. 바이러스 때문에 금년에는 교우들을 초대하지 못해 작은 인원이 소박하게 드린 미사였지만 거기 담긴 기원과 정성만큼은 성당을 가득 채울 만큼 넉넉하고 성대했다. 7월 5일에 김대건 신부님을 기념하는 것은 복자로 선포된 날이기 때문이다. 그날의 감격스런 광경을 돌이켜볼 수 있어서 다행이다.

1925년 7월 5일 로마, 성 베드로 대성당이 역동한다. 조선이 버렸고, 처참하게 내동댕이친 일흔아홉 교우들의 선량한 이름이 천상의 명부에 새겨졌다. 오전 10시에 거행된 '조선 치명자 시복식'에는 1만여 교우들이 모여들었다. 인파 중에 오직 두 명만이 한국인이다. 화가 장발(1901~2001)과 한기근 바오로 신부가 그들이다.

장발은 이미 1920년에 김대건 신부의 초상화를 그린 바 있다. 특별한 인연을 생각한다면, 모르긴 해도 그에게 평생 잊지 못할 남다른 의미의 축제가 아니었을까. 김대건 신부가 그날 복자가 될 시복식의 주인공이기 때문이다. 1925년 5월 11일 시복식을 위해 서울을 떠난 한 신부는 로마는 물론 프랑스, 팔레스티나를 방문하고 돌아와 《경향잡지》에 〈로마여행기〉*를 적어냈다. 묵은 잡지 속에 연재된 긴 여행기를 읽는 동안 단단한 세월의 장벽이 얼음처럼 녹아내렸다.

---

* 《경향잡지》 566호(1925년 5월 31일)부터 581호(1926년 1월 15일)까지 39회에 걸쳐 연재한 글.

큰 나무가 그리워

7월 5일은 '성 김대건 안드레아 사제 순교자' 기념일이다.

솔뫼 성지에서는 해마다 이날을 성대하게 기념해 왔다.

오래전 방문했던 바티칸은 나에게 아득한 추억이 된 지 오래인데, 옛말로 쓰인 여행기가 오히려 흑백의 추억을 천연의 컬러로 채색해 갔다. 환청같이 밀려드는 장엄한 파이프 소리에 육신마저 하늘로 실리어 오를 듯 착각을 일으킨다. 성 베드로 성당이 오늘처럼 익숙한 적이 없다. 한 번도 본 적 없는 바오로 신부님이 지금처럼 낯익은 적이 없다. 입담 좋은 이야기꾼의 무용담에 넋을 잃은 어린이마냥 솔뫼와 로마를 분간 없이 오가며 시간 여행을 하게 되었다.

치명자들의 큰 상본을 다섯 가지로 그려서 5처에 매달았으니, 1은 대제대 뒤 벽상에, 2·3은 대제대에서 한참 나와서 양편 기둥에, 4는 성전 정문 위에, 5는 성전 문 두 강복대에 매달았더라. '시복칙령'을 낭독하기 전에는 아직 복자가 아닌 고로 그 상본들을 다 포장으로 가리우고 칙령을 다 읽은 후는 복자인 고로 정광으로써 비추며 그 상본이 찬란하게 드러나니 이를 영광이라 일컫는도다.

_《경향잡지》 573호, 1925년 9월 15일

한국 순교자들의 모습이 '찬란하게 드러났다'는 신부님의 짧은 감동이 담박하기만 하다. 그러나 더 이상의 탄성도

큰 나무가 그리워

호들갑도 필요가 없다. 그날의 성 베드로 대성당은 조선의 치명자를 노래했고, 조선인의 천주를 찬양하던 조선의 성당이 된 까닭이다. 일흔아홉 순교자의 찬미가가 천상어전을 어루만져 지상으로 메아리쳐 내려왔기 때문이다.

2020년 7월 5일 솔뫼, 그리운 그날의 로마로부터 꼭 75년 만이다. 바이러스 때문에 마스크로 입을 가린 교우들의 모양이 서글프다. 그러나 탄성도 호들갑도 더 이상 필요가 없다. 오늘도 변함없이 순교자들의 천상 찬미가 메아리되어 이 땅에서 영광을 발하는 까닭이다.

성 김대건 신부 기념일에

유네스코
기념의 해

유네스코UNESCO는 국제연합의 교육과학문화기구이
다. '세계대전'이 끝나고 세계 평화와 인류 발전에 기여하자는
취지로 1945년에 탄생했다. 서로 다른 인종·역사·문화를 가
진 사람들이 이해의 폭을 넓힐 수 있도록 다양한 사업들을 수
행한다고 했다. 이를테면 소멸 위기에 있거나 보편적 가치를
지닌 유무형 유산, 자연 경관, 기록물 등을 세계유산으로 지정
해 보호한다거나 교육의 기회가 보다 폭넓게 주어지도록 지
원한다거나 과학기술의 진보를 위해 국제적 협력을 도모하는

일이다. 인간이 존엄, 평등, 자유, 평화 등의 유네스코가 추구하는 가치를 실현하는 데 기여한 인물이나 사건을 기념하는 기념의 해 선정도 여기에 해당한다.

2019년 11월 14일, 파리의 유네스코 본부에서 회의가 열렸다. 수많은 회의장에 여러 가지 주제로 회의가 열리고 있었지만 우리의 관심사는 한 가지였다. 2021년 김대건 신부 탄생 200주년을 '유네스코 기념의 해'로 선정한다는 총회의 선포가 그것이다.

선포식 현장을 직접 목격하고 싶은 들뜬 기대만큼 그 가을 나의 마음은 진작부터 파리에 가 있었다. 마음보다 조금 늦게 도착한 우리를 낯익은 만국기가 반겨 주었다. 유네스코 본부에 게양된 만국기는 초등학교 운동회 날 운동장에 들어선 아침처럼 그러잖아도 들뜬 기분을 더욱 고양시켰다.

그날 유네스코에는 회의장마다 각종 회합이 진행되고 있었다. 만국기의 숫자만큼 다양한 얼굴의 사람들이 스쳐지나갔다. 말이 통하기만 한다면 나는 김대건 신부님이 태어난 솔뫼에서 왔으며, 오늘 그분의 탄생 200주년이 유네스코 기념일로 선포되는 날이라고 아무나 붙잡고 이야기하고 싶었다.

회의장은 자유로운 가운데서도 엄숙함이 느껴졌다.

대사관 직원들과 우리 일행도 적당한 자리에 앉았다. 다른 나라의 다양한 기념일들과 함께 통과를 알리는 의장의 망치가 두들겨졌다. 이어서 유네스코 주재 한국 대사와 몇몇 국가의 대표들이 짤막한 인사를 이어갔다. 대전교구장 주교님과 당진 시장님을 비롯하여 회의장에 참석한 우리 방문단 일행이 다 기뻐하였음은 물론이다. 하지만 솔뫼 성지 전담신부로서 느낀 감격의 무게는 다른 누구와도 비교될 수 없을 것이다. 벅찬 감격으로 여러 곳에서 다양한 축하를 치르고 무사히 성지로 돌아왔다.

들녘에 이는 싸늘한 비바람이 파리로 떠나던 날과는 사뭇 달랐다. 이미 초겨울이 되어버린 솔뫼, 쓸쓸한 성지에서 오랜만에 미사를 봉헌했다. 성지를 가득 메웠던 지난 계절의 바쁜 순례자들 대신에 따뜻한 시선으로 제단에 마주선 낯익은 교우들 몇몇이 눈에 들어왔다.

다시 김대건 신부님을 생각했다. 신부님의 환한 미소가 교우들의 얼굴에 오버랩되었다.

'유네스코 인물이라서 흐뭇한가요?'

'세상이 알아주어서 기쁘신가요?'

이제 더 유명해지셨으니 세상 사람들이 성인을 알고,

큰 나무가 그리워

가슴에 품고, 발로 따르면 좋겠다고 기원했다.

　　성체를 경건하게 영하고 돌아서는 늙은 교우들의 뒷모습이 눈에 들어왔다. 쫓아내려가 어깨동무라도 하고 싶은 초라한 육신이다. 나의 시선에 들어온 저 뒷모습 그대로 김대건 신부님의 환한 시선이 그를 바라보고 있을 것이다. 어제나 그제나 그 어느 날에나 오늘처럼 묵묵히 성지를 찾은 순례자를 성인 신부님은 바라보시는 게 틀림없다.

　　성지도 변하고, 세상의 가치마저 변해간다. 교우들을 향한 신부님의 따뜻한 시선만 그대로이다. 그리고 성인께 의지하는 교우들의 기도가 오늘도 변함없이 이어지고 있다. 파리에서 느낀 벅찬 감격보다 착한 목자 김대건과 교우들 사이에 피어나는 따뜻한 시선이 더 행복한 솔뫼이다.

씨앗을 키우는 힘

먼 곳에서도 같은 마음은 흐르고

마더들의 고향

하루에 한 번씩은 큰 비가 내렸다. 장대처럼 뻗은 물줄기가 한바탕 요동을 치고 나면 영락없이 살랑 바람이 기분 좋게 맨살을 도닥였다. 이것이 태초로부터 한여름의 콜카타가 살아가는 방식이리라.

콜카타에는 사랑의 선교 수도원을 창설한 성녀 마더 테레사의 무덤이 있고, 전 세계의 자원봉사자들에게 유명한 '마더 하우스'가 있다. 가난한 사람들 중에 가장 가난한 이들을 위한 봉사가 그들의 소명이라 수많은 '마더'들의 수도원이

씨앗을 키우는 힘

인도 모티질 수도원,

입구보다 조금 넓은 골목 한쪽에는 마더 테레사의 흉상이 서 있었다.

플라스틱으로 된 흉상이 너무나 초라한 게

오히려 가난했던 마더 테레사와 잘 어울렸다.

도시 구석구석에 흩어져 있다. 그 하나가 '모티질Motijheel'이다.

비 때문에 모티질의 수도원으로 가는 길이 진창이 되어버렸다. 못 가의 길로 가면 5분이면 가는 거리를 멀찌감치 돌아서 '마더'의 수도원에 도착했다. 내 새 신이 더럽혀질까 봐 친구 수사가 돌아서 가자고 제안한 것이다. 흰 사리를 수도복으로 둘러 입은 세 분의 '마더'가 우리를 환영했다. 찬찬한 어투의 요셉 수녀님이 원장이다. 환하게 웃는 그의 얼굴에 사진에서 본 마더 테레사의 주름이 겹쳐 보였다.

잠시 인사를 나눈 뒤에 원장 수녀님은 수도원 밖의 골목으로 우리를 이끌고 갔다. 입구보다 조금 넓은 골목 한쪽에는 마더 테레사의 흉상이 서 있었다. 플라스틱으로 된 흉상이 너무나 초라한 게 오히려 가난했던 마더 테레사와 잘 어울렸다.

요셉 수녀님은 흉상 앞에 우리를 세워 놓고, 쉼표도 없이 열심히 이곳의 유래를 설명해 주었다. 말이 빠르지 않은 덕분에 '오케이, 마더 테레사, 땡큐' 등은 거의 빼놓지 않고 알아들었다. 나머지는 친구 수사가 재차 설명해 주었다.

그렇다. 여기는 마더 테레사가 처음으로 가난한 이들을 돌보기 시작한 장소였다. 어쩌면 세상의 모든 '마더(사랑의

씨앗을 키우는 힘

선교 수도회원)'들의 고향이고, 마더의 손을 통해 '가난한 사람들'에게 애덕이 실현된 첫 기적의 장소이다. 골목길이 마당이고, 부엌이고, 현관인 효율적인 흙집은 지금도 어느 가난한 가족이 살고 있었다.

70년 전 즈음에는 버려진 사람들을 마더가 모시던 방이었고, 골목길은 21명의 어린이가 공부하던 학교였다. 흙바닥을 칠판 삼아 힌두 말 '가나다'를 써가며 글을 가르쳤단다. 저 흙집이 자연인 아네스 곤자 보야지우Agnes Gonxha Bojaxhiu가 '마더 테레사'로 다시 태어난 생가라면 틀린 말일까.

테레사는 오늘날의 마케도니아 출생이다. 18세에 로레토 수도원Sisters of Loreto에 입회하여 수녀가 되었고, 콜카타의 성 마리아 수도원 학교에서 교사로 소임을 받아 일하고 있었다. 아이들을 가르치는 걸 좋아했지만 가난한 인도는 그녀를 놓아두지 않았다. 깊은 내면의 목소리가 또 다른 구도의 길로 그를 부르고 있었기 때문이다. '가난한 사람들 중에 가장 가난한 사람', 영원한 동반자가 될 그들을 향해 이끌려온 이곳으로 말이다.

애정 어린 설명을 해주는 요셉 원장 수녀님에게도 이곳은 고향이나 다름없는 마더의 첫 자취였다. 그제야 친구 수사가 단 둘이 이곳에 오자고 한 이유를 알 것 같았다. 그날 아침 그는 '사랑의 선교 수사회Missionaries of Charity Brs.' 수도자로 종신서원을 했다. 또 하나의 '마더'로 다시 태어난 그의 간절함이다. 마더의 첫 자취를 자신의 첫 마음에 새기고 싶은 친구 수사의 바람이다.

긴 여름 해가 짧게 느껴지도록 분주한 하루를 마치고 숙소로 돌아왔다. 어제보다 익숙해진 콜카타의 밤이 평화롭다. 문득, 침대 밑에 벗어둔 깨끗한 신이 오늘은 왠지 쑥스럽게만 느껴진다.

씨앗을 키우는 힘

인도인 피터 수사의 '3년 한국'

피터 수사님이 처음 한국에 온 것은 1976년 7월 5일이다. 김대건 신부님의 축일이고, '사랑의 선교 수사회'가 한국에서 시작된 날이다. 마더 테레사처럼, '가난한 사람들 가운데 가장 가난한 사람들'을 위한 봉사가 그의 소명이라고 했다. 그때 그는 23세였고, 3년이라는 짧은 시간을 수도자로 산 것이 한국 생활의 전부였다. 그의 가슴에 새겨진 '3년 한국'은 아마도 지구상에 없는 또 하나의 나라이다.

삼선동 동네 속의 작은 주택이 그의 집이자 수도원이

131

었다. 거기서 피터는 코흘리개 어린이들에게 "깜둥이 아저씨"로 불리었다. 아무 때나 수도원 문을 두드리며 자신을 찾는 아이들이 친구였고, 그게 가장 행복한 기억이라고 했다. 교복을 입은 어린 학생이 자리에서 벌떡 일어나 백발의 노인을 반강제로 앉히던 흔들리는 버스가 그의 한국이라고도 했다.

나는 2000년 1월 콜카타의 한센병자 마을에서 그를 처음 만났다. 그때 피터 수사님은 예의 그 한국을 그리워하고 있었다. 20년이 지났지만 한국 가요를 좋아하고, 서툰 한국말을 아직도 잊지 않고 있었다. 나는 피터 수사님의 그리움이 실현되기를 바랐다.

그와의 두 번째 만남은 2017년 한국에서였다. 그때도 그는 가난한 사람들과 함께였다. 내가 그의 그리움이 실현되었다고 안도했을 즈음, 피터는 한국을 떠나 인도로 돌아갔다. 1년도 못 되는 마지막 한국 생활을 홀연히 접고 떠나간 것이다. 30년 넘도록 그렇게 그리던 한국으로 돌아왔지만 그가 돌아온 한국은 그의 가슴 속 한국이 아니었다. 입으로 말하지는 않았지만 그의 마음을 이해할 수 있었다.

한국은 더 이상 자신의 도움이 필요 없다고 생각했던 건 아닐까. 낯선 외국인을 보고 '깜둥이 아저씨'라며 친근하게

씨앗을 키우는 힘

다가올 어린이도 없고, 버스에서 일어나 노인을 주저앉히던 까까머리 중학생도 만나지 못했을 것이다. 어쩌면 그는 추억 속의 '3년 한국'으로 다시는 돌아가지 못할 것이다.

피터 수사님의 얼굴은 웃는 상이다. 웃을 때도 웃고 있고, 화를 낼 때도 꼭 웃는 것만 같다. 우리 나이로 67세가 된 그가 새하얀 이를 드러내고 활짝 웃으면 바라보는 모든 이가 똑같이 미소 짓게 된다. 첫 인류 아담의 미소처럼 태초의 순수함을 간직한 그의 미소를 나는 좋아한다. 언젠가 장애인들과 함께 우리 성당을 방문했을 때도 그랬다. 서툰 한국말로 인도를 함께 여행하자며 내가 좋아하는 그 미소를 환하게 지었더랬다. 나는 마치 순명이라도 해야 할 것처럼 기꺼운 동의를 해 버렸다. 태초의 미소 너머로 무언가 신비로움이 있을 것만 같은 흐뭇한 상상이 이번 여행의 시작이었다.

야간 기차 속에서 하룻밤을 꼬박 달려 아침나절이 되어서야 인도 중부의 작은 도시 '란치' 역에 도착했다. 인파들이 플랫폼을 가득 메웠는데도 보오얀 이를 드러낸 낯익은 미소가 눈에 들어왔다. 반가운 포옹으로 피터 수사님과 인사를 나누었다. 기억 속에 또렷한 '태초의 미소'를 이름조차 낯선 란치에서 다시 만난 것이다.

인도인 피터 수사의 '3년 한국'

란치의 수도원 마당에는 30여 명의 아이들이 자리를 깔고 앉아 있었다. 정식 학교에 못 가는 아이들을 이곳에서 가르치는 것이란다. 아이들은 이른 아침부터 한 타임의 일을 하고서 이곳에 온다. 그리고 학교가 파하면 또 다시 일을 하고 집으로 돌아간다고 했다.

그날 오후, 수사님을 따라 수도원을 나섰다. 옛날 흑백사진에서나 보았음직한 판자촌 골목을 이리저리 따라다녔다. 만나는 사람마다 피터 수사님을 반기며 행복해한다. 그들도 나처럼 태초의 그 미소를 좋아하나 보다. 그리고 웃음 짓는 사람들의 모양이 하나같이 피터를 닮았다. 혹시 그가 예수님이 아닐까.

아닌 줄을 알면서도 행복한 착각을 자꾸만 하게 된다. 아니면 적어도 그 행복한 미소를 미끼로 삼은 어부, 사람 낚는 어부임에 틀림이 없다. 태초의 미소에 사로잡힌 가난한 사람들과 그 미소 때문에 여기까지 이끌려온 나는 그래서 행복했다. 가슴 한편에 자리해 있어서 추억으로만 되살아나는 한국을 그는 여전히 그리워하지만 나는 그가 사는 거기서 '3년 한국'을 보았다.

씨앗을 키우는 힘

화
해
를

청
할
수
있
는
마
음
은

　　성지에서 살면서 여러 가지 이유로 다른 성지들, 특
히 해외 성지들에 관심이 많아졌다. 처음 순례는, 내가 사는
내포에서 살았고 한국에서 순교한 프랑스 선교사들의 자취를
찾고 싶어 떠났다. 사제서품 10주년에는 동기 신부들과 이스
라엘을 순례했다. 가보지 않고 성서를 말하기가 겸연쩍던 차
에, 책에서 보고 귀로만 듣던 땅을 직접 가봐야 하지 않겠나
하며 숙제처럼 떠난 여행이었다. 하지만 역시 가장 큰 감동이
었다.

나가사키, 히라도 다비라 성당,

나도 가슴에서 우러나온 나의 언어로 감사와 축복을 건네고 싶었다.

그렇게 먼저 화해하고 싶었다.

일본 성지순례는 조금 다른 느낌이었다. 같은 동양이고 우리처럼 순교자들이 많은 일본은, 비슷하면서도 달랐다. 색다른 느낌의 성지를 살피는 것도 좋았고, 일본과 일본인에 대한 이유 없는 부담을 떨치고도 싶었다. 그래야 한다고 늘 생각했다.

이번 순례는 유네스코 세계유산에 등재된 나가사키 천주교 유적들을 돌아볼 요량으로 몇몇 공직자와 연구자들이 함께 떠났다. 누구는 유적으로, 누구는 역사로, 그리고 누구는 성지로, 다양하게 보고 느낀 점을 나누면서 훨씬 풍요로운 순례가 되었다.

진작부터 준비한 여행인데 때마침 고조된 양국의 갈등 때문에 여행자가 많이 줄어든 상황이었다. 떠들썩한 시국 때문일까. 손에 이끌린 가방의 무게보다 마음이 더 무거웠다. 그렇게 도착한 일본 나가사키에는 늦은 장마가 끝나간다. 하늘도 우리 마음을 안다는 듯이 축축하게 젖은 대지 위로 먹구름이 반, 뭉게구름이 절반씩이다.

눅눅한 이국의 계절 속을 내달려 우리는 히라도 다비라 성당에 다다랐다. 소박해서 더 매력적인 성당은 젖은 대지와도 잘 어울려 짓궂은 날씨마저 아름답게 만들었다.

"안녕하세요, 반갑습니다."

화해를 청할 수 있는 마음은

우리를 맞이한 중년 부인은 우리말을 이만큼만 할 줄 알았다. 이어 통역사의 입을 빌려 성당에 얽힌 얘기를 자신의 역사처럼 쏟아내었다. 꾼은 꾼을 알아본다고, 10년 넘게 성지 밥을 먹은 나는 이곳에 대한 그녀의 애정을 단박에 알아차렸다. 설명을 마친 부인이 "미사를 드리겠느냐"고 일행을 통해 물어왔다. 나는 고개를 격하게 끄덕였다. 그녀는 손등으로 땀을 연신 훔쳐가며 예정에 없던 미사를 정갈하게 준비해주었다.

'천주, 아니 계신 곳 없다'더니 이국 성당에서 드리는 미사가 낯설지 않다. 연장자 신부님이 주례를 하고, 나와 후배 신부가 보조를 했다. 뜻밖의 선물, 고마운 배려에 일행은 만족하고 감사했다.

일정을 마치고 버스에 오르는데 부인이 뛰어왔다. 오늘은 축일이라 초를 두 개 올렸어야 했는데 하나만 올려 "쓰미마셍(죄송)"하다고. 고개를 숙이며 이해를 구하는 부인에게 하고 싶은 말이 많았다.

'괜찮아요. 당신의 배려와 친절이 감동일 따름이어요. 우리 성지에 오시면 제가 크게 보답할게요. 예수님께서 당신을 통해……'

나는 이 모든 말을 그냥 과한 미소 한 번으로 끝내버

씨앗을 키우는 힘

렸다. 차창 너머로 손을 흔들며 축복하는 부인이 멀리 보였다. 생뚱맞게도 몇 해 전에 선종하신 스승 신부님의 말씀이 겹쳤다.

"독일 말을 배워야 한다. 그래야 독일 사람과 화해할 수 있다."

전쟁의 피해자인 프랑스 신부님이 어린 시절 자신의 스승께 들었다는 가르침이다. 나도 가슴에서 우러나온 나의 언어로 감사와 축복을 건네고 싶었다. 그렇게 먼저 화해하고 싶었다.

아쉬운 마음으로 다음 여정을 향해 가는 하늘에 숨었던 해가 반짝 드러났다. 내 마음의 무게를 하늘이 먼저 알고 있었다.

화해를 청할 수 있는 마음은

나의 절친, 콜베 신부님

나는 진작부터 콜베 성인을 알고 있었다. 우리 세기의 천주교 신자들치고 그분을 모르기가 더 어려울 것이다. 대충 헤아려 봐도 그동안 콜베 성인에 관한 강론을 열 번도 넘게 한 것 같다. 악명 높다는 아우슈비츠에서 그가 보여준 희생이야말로 복음의 재현이 아닐 수 없다.

막시밀리아노 마리아 콜베는 1894년 폴란드에서 태어났다. 사제이자 수도자가 되기를 꿈꾸었던 콜베는 어린 나이에 꼰벤투알 프란치스코 수도원에 들어갔다. 1918년에 사제로 서품된 그는 1930년부터 6년간 일본에서도 활동했다. 폴란드로 돌아간 콜베 신부는 니에포칼라누프Niepokalanów 수도원의 원장이 되었다. 그리고 제2차 세계 대전이 발발하자 수천 명의 유대인과 전쟁 난민을 그의 수도원에 숨겨 주었다. 사람을 가리지 않는 그의 애덕이 마치 죄라도 된다는 듯이, 독일이 폴란드를 점령한 후 게슈타포에게 체포되어 아우슈비츠로 보내졌다.

1941년 7월 어느 날, 수용소에 탈주가 발생했다. 수용소장은 탈주자 대신 10명을 무작위로 끌어내어 처형시키려 했다. 아내와 자식이 있다며 살려달라고 울며 애걸하는 수용자 하나를 콜베 신부는 말없이 바라보았다. 그리고 그가 앞으로 나섰다.

"그는 아내와 자식이 있으니, 내가 대신 가겠소. 나는 신부요."

콜베 신부의 청이 받아들여지고, 지목된 10명은 아사형에 처해졌다. 동료들이 하나씩 죽어갔고 콜베 신부는 2주가 지나도록 생존해 있었다. 결국 8월 14일 그에게 독주사가 놓였다. 아우슈비츠의 감방에서 생을 마감한 콜베는 어린 시절에 꿈꾸었던 그대로 천상의 수도자가 된 것이다.

　　　　　　　　　　나의 절친, 콜베 신부님

이웃을 위한 헌신으로 그리스도를 재현한 콜베는 1982년 교황 요한 바오로 2세에 의해 성인품에 올랐다. 그의 이야기는 언제나 강한 감동을 준다. 설명을 덧붙이는 게 오히려 구차할 정도로 사실 그대로가 복음이고 강론 같다. 그만큼 강론하기도 쉬웠다.

그러잖아도 좋아하는 콜베 신부님을 일본 나가사키 오우라 성당에서 새삼스레 다시 만났다. 명함을 주고받으며 손인사를 나눈 것은 아니지만 우리는 그 이상으로 친해지게 되었다. 그가 내게 이렇게 말을 걸어왔다.

조선의 그림엽서 몇 장을 보내드립니다. …… 풍경은 눈을 뗄 수 없을 정도로 아름답습니다. …… 성모님께서는 언제 이 매우 아름다운 나라를 다스리실 것이며, 거룩한 당신 아들의 나라를 세우실까요?

_'콜베 신부가 바라본 조선 -1930년 8월 31일 자 편지' 〈성모기사〉 별책, 2018

일행 한 분이 전해준 안내 책자에 형제 신부에게 보냈다는 편지가 실려 있었다. 시베리아를 횡단하고, 조선의 산야를 기차로 종단했다. 이 땅에 대한 처음이자 마지막 인상을 엽서와 함께 형제에게 선사했다. 인쇄된 글이 말처럼 들렸다.

씨앗을 키우는 힘

그 말을 들은 다음부터 나에게 콜베 신부님은 더는 훌륭한 신부님이 아니라 절친한 신부님이 되어버렸다. 그것은 마치 내가 솔뫼로 이사 온 다음부터 김대건 신부님을 동네 형처럼 생각하는 불경스러움과 같은 맥락이라고나 할까. 짧은 말씀이 아쉽기는 했다. 하지만 '눈을 뗄 수 없이 아름답다'는 외마디 감동은 우리 사이에 좁게나마 있던 간격을 지워버리기에 충분했다. 그리고 이 땅에 대한 그의 시선이 나에 대한 관심처럼 느껴졌다.

그날 이후로 나는 성인이 된 콜베 신부님을 자주 부른다. 오늘 하늘이 유난히 맑은 것은 절친, 신부님의 너그러운 응답임에 틀림이 없다.

　　　　　　　　　　나의 절친, 콜베 신부님

못자리, 파리외방전교회

1984년 5월 6일, 여의도 광장에서는 100만 신자가 운집한 가운데 한국의 순교자 103위 시성식諡聖式이 거행되었다. 그해는 한국천주교회가 창설된 지 200주년이었고, 이를 기념하기 위해 교황 요한 바오로 2세가 방한했다. 게다가 시성식이 로마가 아니라 해당 나라에서 거행된 건 사상 처음이라고 했다.

성인이 되면 천주교 보편전례력에 그 이름이 수록되고, 해마다 같은 날에 전 세계에서 집전되는 미사에서 기념된

씨앗을 키우는 힘

다. 9월 20일은 전례력에 '성 안드레아 김대건 사제와 성 바오로 정하상과 동료 순교자' 기념일로 지정되어 있다. 한국에서는 이날을 보다 장엄하게 '대축일'로 지내고 있다. 그런데 한국 103위 성인들 가운데는 프랑스인이 10명이다. 그들과 맺어진 특별한 인연 때문이다.

1831년 9월 9일, 교황청은 조선의 교회를 북경교구로부터 분리하여 새로운 교구(대목구)로 설정했다. 조선 천주교회는 스스로 자립할 때까지 파리외방전교회에 맡겨졌다. 소년 김대건이 마카오로 유학한 것도 파리외방전교회의 극동대표부가 이곳에 있었기 때문이다.

조선교구 설정 이후로 지금까지 한국에 파견된 파리외방전교회 소속 사제가 170여 명에 이른다. 대부분 우리나라에서 생을 마치고 그대로 이 땅에 묻혔고, 순교자도 24명이나 된다. 육신을 낳아준 자신의 고향을 떠나서 한국 땅에 삶과 죽음을 모두 바친 저 사제들을 기억할 때마다 그들을 길러낸 못자리, 파리외방전교회가 궁금했다.

세상에서 가장 유명한 도시라 유람 삼아 가볼 만도 하다지만, 그날의 나에게 파리는 파리외방전교회 하나로 여행의 의미가 모두 채워졌다. '전교회'에서 첫 하루를 잊을 수

못자리, 파리외방전교회

파리외방전교회 안 마당,

어쩌면 이름 모를 어느 착한 목자의 방이었을 지붕 밑 다락방.

이것이 지난 밤 까닭도 없이 잠 못 이루게 한 그 설렘의 정체였나 보다.

없는 이유다.

    칠흑의 밤을 갈라 힘겹게 피어나는 아침 여명이었다. 거친 속세에 피어난 이 하루의 시작을 보얀 안개가 속속히 감싸 안으며 태초의 거룩함을 지켜내고 있었다. 이른 아침, 미사를 마치고 나와 본 '뤼드박 Rue du bac' 거리는 벌써부터 바쁜 인파로 북적였다. 이곳은 귀한 역사가 담겨 있는 파리의 거리이다. 세계 최초의 백화점 '봉마르쉐Bon Marché'가 있고, 가타리나 성녀의 '기적의 메달 성당'도 있다. 하지만 무엇보다 착한 목자들의 못자리 '파리외방전교회'를 이 거리가 품고 있다.

    '전교회'의 육중한 대문을 열고, '뤼드박'을 따라 걸었다. 대도시답지 않게 골목처럼 좁은 길은 그 옛날의 추억을 그대로 간직한 듯하다. 1백 수십여 년 전, 조선의 순교자가 된 다블뤼 주교나 교우들 대신 잡혀간 청년 신부 위앵도, 6·25 때 학살당한 합덕 성당 필립보 신부와 수많은 착한 목자들도 한가로이 이 길을 거닐었을 것이다. '기적의 메달 성당'에서는 잠시 조배를 드리며 순교자의 마음을 갈구했을 터이다. 가던 길을 다시 이어, 잠시 뒤에 만나게 될 '센 강'에 이르면 목자들은 무슨 생각을 했을까.

    여기서 배를 타면 큰 바다에 이르고, 그 바다는 다시

못자리, 파리외방전교회

중국이며 일본 그리고 조선까지 닿을 것이다. 때마침 지나가는 유람선에서 너울너울 일렁이는 강물의 모양이 선교사의 마음을 짐작케 했다.

다시 전교회로 돌아왔다. 멀고 먼 동방에서 찾아온 길손 신부의 안식처는 지붕 밑 다락방이다. '삐그덕' 걸음을 옮길 적마다 울어대는 나무계단이 정겨웠다. 새로 만들어진 소박한 엘리베이터가 복도 저편에 마련되어 있지만, 삐걱거리는 층계만 오르고 싶었다. 낡은 계단의 닳아빠진 모서리를 하나도 거르지 않고 디디어 가려는 것이다.

수백 년의 세월동안 이곳을 오르내린 젊은 청춘들, 그 선한 목자들이 새겨 놓은 발자국 때문이다. 그렇게 따라 오른, 어쩌면 이름 모를 어느 착한 목자의 방이었을 지붕 밑 다락방. 이것이 지난 밤 까닭도 없이 잠 못 이루게 한 그 설렘의 정체였나 보다.

빠끔히 열린 작은 창틈으로 '쒸이익' 들려오는 바람 소리는 어느 착한 목자의 노래일까.

씨앗을 키우는 힘

파카르드Paccard,
순교를 노래하라

긴 박해가 끝나고 내포에도 성당이 들어섰다. 1890년 양촌이라는 작은 마을에서 시작해, 1899년에 합덕리에 자리를 잡았다. 이곳이 '합덕 성당'이고, 파란 눈의 신부가 살던 이상한 건물이라서 '양관'이라고도 불렀다.

사방으로 열린 양관에서는 날마다 '땡그렁' 낯선 소리가 울려 퍼졌다. 박해 중에는 성당도 없고, 큰 소리로 성가를 부르거나 기도를 할 수도 없었다. 도둑처럼 소곤거리며 천주를 예배하던 교우들은 누추한 초막에서나마 떳떳이 기도하고 목청껏 성가를 부르고 싶었을 것이다.

양관의 종소리는 한 맺힌 순교자들의 찬미가가 되어, 내포의 대지를 울려 천상까지 이르러 갔다. 세기가 지나고 세대가 몇 번이나 바뀌었던가. 이제 사람들은 양관에서 울리던 '땡그렁' 소리가 그립다고 했다.

"성당서 종이 울리면, 호미고 삽이고 들에다가 그냥 놓고 일어나서 기도했시유."

"주님의 천사가…… Angelus Domini..."

미사 시간은 물론이거니와 아침 낮 저녁에 하루 세 번 성당에서 울리는 삼종소리가 들판을 울려 내포를 채워 나갔다. 종소리가 들리는 곳 어디나 성당이 되고, 종소리를 듣는 누구나 천주께 시선을 두었다.

"Angelus Domini..."

양관에서 발하는 삼종소리는 내포의 들녘을 시간 속의 성전으로 만들어 갔다.

밀레의 '만종晩鐘'은 어려서부터 잘 알고 있었다. 하지만 이 그림의 본래 이름이 '안젤루스Angelus'라는 건 성인이 되어서야 알았다. 괭이며 수레를 들에 두고, 아스라이 들려오는 저녁 삼종소리에 기도하는 사람들, 그 익숙한 장면이 내포 들녘의 이야기라는 건 얼마 전에야 깨달았다.

씨앗을 키우는 힘

성당에는 종이 멈춘 지 오래되었다고 했다. 종에 금이 가고, 종탑이 위태로울 수 있어서란다. 사실은 대도시의 많은 성당에서 종은 있으되, 종소리가 사라졌다. 종탑만 있지, 아예 종이 없는 곳도 많다. 소음에 지친 도시민의 호소 때문이라고는 하나, 사람들의 가슴에서 따뜻한 정감이 고사된 건 아닐까.

종을 다시 울리고 싶었다. 시간의 성전을 다시 세우고, 순교를 노래하고 싶었다. 추억이 된 종소리, 그 고향 안시 Annecy를 찾아간 건 그래서였다.

거침없는 기세로 대륙을 내달리던 이등 기차는 속도가 문득 줄어드는가 싶더니, 날카롭게 비탈진 산들 속으로 치달아 가고 있었다. 깎아지른 절벽에 놓인 오래된 마을에는 이름 모를 공주님이 야수에게 붙잡혀 있을 것만 같았다. 서양 동화 속의 그 마을이 여기가 아닐까. 야수와도 같이 산중의 터널이 커다란 기차를 몇 번이고 삼켰다가 토해내서야 우리는 알프스가 만든 호반 도시 안시에 도착했다.

알프스와 어울린 호수 길을 달리며 친절한 택시 기사는 쉴 새 없이 말을 이어갔다. 한마디도 알아듣지 못하는 말귀였어도 그의 표정과 목소리, 이따금 뒤돌아보다가 마주치는

파카르드Paccard, 순교를 노래하라

눈빛에서는 고향 안시에 대한 애정과 자랑이 묻어나고 있었다. 도시의 아름다움만큼이나 인상적이었던 안시 사람과의 첫 만남이었다.

호수 길을 얼마나 달렸을까. 우리는 목적지인 '파카르드'에 내렸다. 이곳은 종을 만드는 곳이다. 수백 년을 쉬지 않고 종소리를 만들어 왔다. 언젠가 몽마르트 언덕의 저녁 종소리가 순례자의 심금을 울렸는데, 알고 보니 프랑스에서 가장 크다는 몽마르트 성당의 종도 이곳에서 만들어졌단다. 하지만 공세리, 서산, 강경, 주교좌 대흥동까지 충청도의 아름다운 성당들에서 울리던 종소리의 고향이라는 게 나에게는 더 감격스러웠다.

숙련공 하나가 막 세련된 종을 힘껏 내리쳤다. 심장을 울리는 종소리가 작업장을 넘어서 맑은 호수로 파고들더니, 알프스를 어루만진 향내를 품고 메아리쳐 돌아왔다. 그 소리를 담아오고 싶었다. 이 소리라야 자격이 될 것이다. 쓰라린 상처로 얼룩진 내포에 그 고운 멜로디로 대지를 감싸줄, 파카르드여! 영원히 순교를 노래하라.

씨앗을 키우는 힘

언덕의 금빛 성모,
마르세유

지중해地中海, 땅 속의 바다라는 뜻일까. 이름이 가리
키는 대로 유럽과 아프리카 그리고 아시아로 둘러싸인 대륙
속의 바다이다. 이집트, 그리스·로마, 유대 같은 유명한 고대
문명의 발상지들이 이 바다와 접해 있다. 풍요로운 지중해라
는 걸 반증이라도 하려는 듯이 교역도 전쟁도 끊이지 않았던
역동의 바다였다.

처음 가보는 마르세유인데 하도 많이 들어본 지명이

153

라 처음이 아닌 것 같은 착각도 잠시 들었다. 생 샤를 역, 역사를 빠져나와 발코니 같은 광장에서 마르세유와 첫 인사를 나누었다. 길고도 깊은 역사를 머금은 항도답게 나지막이 펼쳐진 낡고 고풍스런 시가지가 순례자의 마음을 흥분하게 만들었다.

눈으로나마 도시를 전부 훑어볼 겨를도 없이 우뚝 솟은 맞은 편 언덕으로 시선이 이끌렸다. 황금빛이 찬란하던 노트르담 드 라 가르드 성당의 성모상이었다. 금빛의 성모는 가르드(보호자)라는 이름처럼 지중해와 어울린 낡은 도시를 강인한 어머니의 모습으로 굽어보며 든든하게 지켜내고 있었다.

파란만장한 지중해의 역사가 잊힐 만큼 항구의 아침은 너무나 평화로웠다. 호수처럼 잔잔한 바다로, 내민 손을 담가본다. 이 물은, 항구를 떠나 홍해로 인도양으로 다시 동지나에서 황해로, 그렇게 한반도까지 이어졌다. 1백 수십여 년 전 젊은 선교사들의 여정처럼 말이다.

저기 조선으로 떠나게 될 청년 사제들이 보인다. 환한 얼굴로 담소를 나누고 우리처럼 지중해에 손을 담그며 아마도 조선의 바다를 미리 느끼고 있을 젊은이들이다.

씨앗을 키우는 힘

마르세유, '보호자이신 성모 성당',

뜨거운 영혼들을 태운 배는

다시는 돌아오지 못할 슬픈 순교자의 길을 향해 나아간다.

저 언덕 꼭대기 노트르담만이 멀어져 가는 아들들을 배웅하고 있다.

7월 19일 – 드디어 출항의 그날이 멋지게 밝았습니다. 이른 아침부터 마르세유 항구와 시내를 감탄스럽게 굽어보는 '보호자이신 성모 성당'으로 올라갔습니다. 거기서 우리는 거의 한번에 다 같이 미사를 드렸습니다. …… 우리는 선하신 어머니의 대제대에 모여 우리의 가장 아름다운 목소리로 '아베 마리스 스텔라(바다의 별이신 성모)'를 노래하고, …… 초 한 자루를 기적의 성모상 앞에 꽂았습니다. 이 초는 우리가 물결에 몸을 내맡기는 동안 타서 없어질 것입니다. 우리도 그 초와 같이 성모 마리아께 대한 사랑으로 타오를 수 있다면 좋겠습니다.

_1864년 7월 20일, 사이드 호에서 볼리외 신부가 고모 부부에게 보낸 편지

그들의 마음이 궁금한 우리는 조선의 선교사라도 된 것처럼, 가파르게 솟은 언덕을 따라 올랐다. 거칠고 투박해진 숨소리가 목적지에 가까웠음을 알렸다. '보호자이신 성모 성당'이다. 성당 꼭대기의 금빛 성모상은 작은 태양빛을 발산하듯이 신비롭게 빛나고 있었다. 가쁜 숨을 삭이고 고요한 성당에서 무릎을 꿇었다. 그날에는 선교사의 뜨거운 심장에서 발하는 고동 소리가 성당을 메우고 대지를 울려 하늘에 이르렀을 것이다.

씨앗을 키우는 힘

그들처럼 우리도 이곳에서 미사를 드리고 싶었다. 순교를 위해 출정하는 조선 선교사의 비장함을 느끼고 싶어서다.

1864년 7월 19일, 오후 3시, 뜨거운 영혼들을 태운 배는 질곡의 역사가 녹아 담긴 지중해로 미끄러져 갔다. 다시는 돌아오지 못할 슬픈 순교자의 길이다. 영광의 길이다. 저 언덕 꼭대기의 노트르담(우리의 보호자 성모)만이 멀어져 가는 아들들을 배웅하고 있다.

배가 항구에서 멀어지면 멀어질수록 고향 프랑스는 지중해 속으로 점점 침잠해 갔다. 처음에는 그 많던 포구의 배들을 지중해가 삼켜버렸다. 조금 후에는 항구가 물에 잠겨 버리더니 배가 떠나는 만큼 대도시 마르세유도 물속으로 빨려들었다. 마침내 언덕 위의 성당마저 물결 속에 잠겨, 황금빛의 노트르담만이 떠나는 아들들을 끝까지 지켜보고 있었다.

이들의 목적지는 조선이다. 아니 조선 너머 하느님의 나라이다. 1866년 아직 찬바람이 가시지 않은 3월의 어느 날, 지중해로 내디딘 청년들의 발걸음은 그대로 천국까지 이르러 갔다. 뜨거운 심장에서 흘러내린 뜨거운 피로 동토의 조선을 따듯이 적시고서 영원한 청년 사제, 영원한 조선의 목자

언덕의 금빛 성모, 마르세유

라는 이름도 남겨 놓고 떠나갔다. 고국의 땅 끝, 마르세유 언덕의 금빛 성모는 아들을 떠나보내던 그 찬란한 모습으로 천상에서 맞아주고 있을 것이다.

루르드에서 만난 우리말

'피레네'는 지중해와 대서양 사이에 박공지붕처럼 우뚝 솟은 산맥이다. 만년설로 뒤덮인 고봉의 높이가 3,400미터라니 쉽게 넘나들기 어려운 자연의 성벽이다. 줄기의 모양 그대로 프랑스와 스페인의 국경을 이룬다.

일행을 싣고 스페인 땅을 떠난 버스는 거대한 피레네를 단숨에 넘어왔다. 지중해 기후의 따듯한 볕으로부터 출발한 버스는 어느새 정상 어귀의 만년설 속으로 빨려들었다가 새하얀 동화의 나라를 가로질러서 시간 여행이라도 한 것처럼 봄을 맞은 루르드에 도착했다.

맑은 물이 흘러내리던 '루르드'는 포르투갈의 파티마, 멕시코의 과달루페와 함께 세계 3대 성모성지 가운데 하나이다. 1858년 13세 소녀 벨라데트에게 발현한 '원죄 없이 잉태되신 성모님'을 기념한다.

세계적인 성지답게 국적을 알 수 없는 다양한 피부색의 수많은 사람들이 오고 갔다. 루르드 성지의 경내에는 크고 작은 성당들이 들어서 있다. 성당마다 나름대로 의미가 있으나 유난하게 발길을 끄는 곳이 있었다. 1876년에 세워진 첫 번째 대성당이다. 나중에 더 크고 화려한 성당들이 지어졌지만, 첫 성당에 시선이 가고 마음이 가는 것은 거기에 새겨진 조선의 흔적 때문이다.

셩춍을가득히닙우신마리아여네게하례ᄒ나이다

조선 반도의 선교사들이 바다에서 겪은 극심한 간난과 위험 중에 원죄 없으신 동정 마리아의 도우심으로 구원되었음을 기억하기 위하여, 서원에 따라 루르드 대성당에 이를 돌에 새겨 기념함

_1876년, 조선대목구장 주교 리델·선교사 리샤르·블랑

석판에 새겨진 첫 마디는 옛 우리말로 쓰인 '성모송'의 첫 구절이다. 나머지는 조선의 선교사들이 성모님의 보호 속에 있었음을 고백하며 감사하는 내용을 라틴어로 적은 것이었다. 망망한 바다 위에서 간난과 위험에 시달리는 현실이 조선의 교회를 말하려는 것 같았다.

봉헌자는 조선의 제6대 교구(대목구)장 리델 주교와 동료 선교사들이었다. 리델은 1861년 31세의 나이에 조선에 들어왔다. 주교와 신부 9명이 순교한 1866년 병인년 박해 때문에 중국으로 피신했다가, 1870년 조선의 새 주교로 임명되어 1877년에 조선으로 다시 돌아왔다. 하지만 이듬해 1월에 포교들에게 붙잡혀 한양의 감옥에서 5개월간 옥고를 치렀다. 옥에서 풀려난 리델은 거기서 겪은 체험들을 기록해 두었다.

내가 하느님의 크신 영광을 위해 여기서 죽겠노라고 생각하며 행복하게 감옥 생활을 하였던 곳이 바로 이러한 곳이다. 내가 감옥 생활을 하는 동안 많은 고통을 받았다면, 또 한편으로는 우리 교우들을 보면서 자주 위로를 얻기도 하였다. 온유하고 인내심이 있고 조용한 우리 교우들은 누구에게라도 봉사할 기회가 생기면 놓치지 않고 봉사하며, 그

루르드에서 만난 우리말

들의 입에서는 결코 욕설이나 나쁜 말은 나온 적이 없었다.

_ 126쪽 《나의 서울 감옥 생활 1878》(펠릭스 클레르 리델 지음, 유소연 옮김,
살림, 2009)

감옥을 경험한 교우들은 그곳이 '지옥의 모습을 그대
로 보여주는 곳이라'고 했다. 리델 주교 역시 지옥을 경험하고
있었다. 아무리 건장한 사람이라도 이곳에서 2주만 지나면 피
골이 상접해 알아볼 수 없는 몰골로 변해버렸다. 알몸인 채로
겨울을 나는 이도 있었고, 악취와 해충, 욕설과 무자비한 폭력
이 난무하는 곳이 조선의 감옥이었다.

그러나 육신의 고통보다 견디기 어려운 것은, 천주라
는 이름 때문에 죄 없이 죽어가는 교우들을 바라보는 것이었
다. 그럼에도 불구하고 감옥 속의 선량한 교우들은 자신에게
가장 큰 힘과 위로가 된다고도 했다. 리델 주교에게 감옥은
영육의 뼈아픈 시련이었고, 교우들의 선함이 승리를 거둔 영
광의 장소였다. 감옥은 격랑 속에 놓인 조선 교회의 현실이기
도 했다.

루르드의 성모 성당에서 돌판에 적어 봉헌한 리델의
감사기도는 미구에 겪게 될 시련과 위로 그 역설의 예언이었

씨앗을 키우는 힘

는지도 모르겠다. 여전히 두려운 바다를 헤쳐가야 할 조선의 교회가 성모님의 보호에 의지한 리델의 간절한 기도와 함께 편주처럼 흘러가고 있다.

　지구 저편 루르드에서 만난 조선이 반가워서 그들이 드린 기도에 나의 마음도 보태어 본다.

연민과 사랑의 약속, 과달루페의 성모

지난밤에는 잠을 잘 이루지 못했다. 긴 여행의 피로에도 불구하고 오래전부터 기대했던 순례가 코앞이라 그랬는지 도통 숙면을 이룰 수가 없었다. 이른 새벽부터 맞은 순례의 날은 한국 교회의 수호자 '원죄 없이 잉태되신 성모' 축일이었다. 기왕에 오기로 한 바에야 일정을 조금 조절하여 이 날만은 세상에 가장 유명하다는 성지에서 지내고 싶었다. 과달루페에서 보낸 한국 교회의 수호자 축일이 잊을 수 없는 특별한 추억이 되었다.

씨앗을 키우는 힘

숙소가 멀지 않은 덕분에 9시 미사에 참례할 수 있었던 것은 다행이다. 그 미사에는 제법 근사한 음성의 소년 성가대도 있었고, 국적을 알 수 없는 많은 신부님들로 전례가 훨씬 장엄하기도 했다. 게다가 주례자였던 노老신부님은 그 품새가 원숙한 사제의 모습 그대로였다.

이렇게 참례한 장엄한 미사를 나는 '피시식' 실없는 웃음을 삼켜가며 경박하게 시작하고 말았다. 어린 복사 녀석들 때문이다. 긴 줄이 달린 향로를 바닥에 닿을 듯이 불안하게 잡고 있는 향 잡이와 제 키보다 큰 촛대를 두 손으로 잡고 지팡이처럼 바닥에 짚어가며 행진하는 초복사들이 조마조마하고 어설퍼 보였다. 사제단을 이끌고 앞장서 가는 복사들을 보며, 그들이 교회를 이끌어 가고 있다고 생각하니 웃음이 났다.

하지만 경건한 미사에 걸맞게 그들의 표정도 태도도 사제단을 이끄는 걸음걸이도 어설픈 그대로 엄숙해 보였다. 적어도 그러려고 노력하는 모습만은 틀림없어 보였다. 이 장엄한 미사를 이끌어 가는 길라잡이의 거룩한 소명을 그들은 알고나 있는 걸까.

어린 복사들을 보면서 문득 고향 성당의 '제의방'이 떠올랐다. 미사 시간이 가까우면 가까울수록 설렘과 걱정이 초조하게 교차했었다. 신부님과 함께, 아니 신부님을 이끌어

낡은 치마에 안기듯이 기울어진 성당 안으로 인파에 쓸려 들어갔다.

시류를 알 바 없는 순진하고도 투박한 아줌마가 마주서 있었다.

과달루페 성모님 상본이었다.

제단에 오르는 뿌듯함도 있었지만 실수라도 할까 떨리는 심장으로 조마조마했던 어린 날의 제의방 말이다. 추억으로 도래한 어린 날의 근심은 어느덧 애틋한 그리움으로 변해 있었다.

어린 복사들을 보며 떠올린 고향 성당의 추억과 그들의 어설픈 모습 때문에 꿀꺽 삼킨 속웃음이 긴 여행의 긴장과 피로를 청량하게 씻어 내렸다. 그다지 경건하지 못했던 과달루페 순례의 시작이었다.

멕시코의 과달루페는 세상에서 가장 유명한 가톨릭 성지 가운데 하나다. 1531년 이곳에서 후안 디에고라는 원주민이 성모님의 발현을 목격했다. 그런데 발현보다 놀라운 것은 성모님이 원주민처럼 검은 머리와 갈색 피부를 가졌다는 사실이다. 갈색의 성모님은 인류에 대한 연민과 사랑을 약속했다. 그에 대한 신뢰와 화답으로 사람들은 발현 장소에 성당을 세웠다. 그로부터 과달루페의 성모는 멕시코뿐만 아니라 아메리카 대륙의 수호자가 되었다. 끝도 없이 밀려드는 인파를 눈으로 직접 바라보면서, 아메리카 사람들이 그를 얼마나 사랑하는지 확인할 수 있었다.

과달루페의 바실리카(대성당)는 멀리서부터 드러나는 장엄한 경관만큼이나 내부도 아름다웠다. 대성당에서는 정각

마다 미사가 봉헌되었다. 그 큰 성당에 인파가 가득 채워졌다 빠져나가기를 반복했다. 밀물처럼 몰려왔다 썰물처럼 쓸려간 다는 비유가 정확하게 들어맞는 흥미로운 광경이 매시간 기적처럼 펼쳐지고 있었다.

새 바실리카는 1976년에 만들어졌다. 새 성당을 지어야 했던 이유를 설명이라도 하는 듯이, 한눈에 봐도 삐딱하게 기울어진 '올드 바실리카'가 바로 곁에 서 있었다. 1709년에 세워진 올드 바실리카는 지반의 침하 때문에 한쪽으로 기울었다고 했다. 새 성당의 웅장하고 균형 잡힌 아름다움에 비하면 기울어진 성당이 왠지 어설퍼 보였다. 비단옷을 두른 젊고 고운 엄마와 낡아서 누런 광목 치마의 늙은 엄마가 나란히 서 있는 것 같았다.

낡은 치마에 안기듯이 기울어진 성당 안으로 인파에 쓸려 들어갔다. 시류를 알 바 없는 순진하고도 투박한 아줌마가 마주서 있었다. 과달루페 성모님 상본이었다. 원본은 새 성당에 옮겨졌다니, 거기 마주선 성모님은 모사된 성화일 것이다. 투박한 성모님은 어설프게 기울어진 성당이 더 편안해 보였다.

얼마 전 방문했던 고향 성당을 다시 떠올렸다. 잠을

씨앗을 키우는 힘

아껴 새벽 미사 시중을 들던 어린 복사가 신통하다며 엉덩이를 토닥여주던 고운 엄마들은 어느새 깊은 주름이 선명한 할머니가 되어 있었다. 늙어버린 엄마들을 얼싸안으며 반가운 가슴 너머로 치미는 연민을 느꼈다. 엄마들은 중년이 된 복사를 여전히 사랑스레 토닥여 주었다.

연민과 사랑을 약속하신 성모님의 메시지는 거짓이 아니었다. 나의 가슴에서 치미는 사랑과 연민은 성모님이 디에고에게 하셨다는 약속의 실현이 틀림없다. 검은 피부에 촌스럽고 투박한 성모님을 아메리카가 사랑하는 이유를 조금은 알 것 같다.

몬세랏의 검은 성모

아침부터 내리는 비가 야속했다. 검은 성모님으로 유명하다는 수도원을 가야 하고, 거기서 '십자가의 길'을 걸어야 하기 때문이다. 일행을 실은 버스는 어느덧 비구름을 꿰뚫으며 톱니처럼 가파르고 거친 고개를 타고 올라 '몬세랏'에 다다랐다.

스페인의 몬세랏 Montserrat (바르셀로나 인근)은 '톱니 산' 이라는 뜻이란다. 실제로 기암과 괴석이 커다란 톱니처럼 들쭉날쭉 솟아 있고, 톱니들 틈새를 비집고 아름다운 수도원이

씨앗을 키우는 힘

꽃처럼 피어나고 있었다. 우리를 안내하는 가이드는 바르셀로나에서 100년 넘게 짓고 있는 '성가정성당Sagrada Familia'의 신비스런 느낌도 가우디가 여기서 얻은 영감이라고 했다. 듣고 보니 그럴 듯했다. 자연이 만들어준 장엄한 경관에 수도자들의 지진하고도 경건한 삶이 소박하게 스며들었다.

나 같은 속세의 순례자는 신비를 깨트리는 침입자에 지나지 않을 것이다. 그러나 삼가며 내딛는 순례자의 발걸음조차 어느새 장엄하고 경건한 경관 속의 일부로 만들어 버렸다. 그것이 성산 몬세랏의 위대함이다.

빠른 걸음으로 수도원 대성당으로 들어갔다. 제단 위에 모셔진 '검은 성모님'을 찾아가기 위해서다. 수많은 사람들이 줄지어 섰다. 손으로 직접 어루만지며 성모님과 함께 기도하려는 것이다. 우리 일행도, 늘어선 다른 순례자도 경건한 수도자처럼 진지한 표정으로 성모님과 마주했다. 그렇게 우리는 성산의 일부가 되어가고 있었다.

본래의 검은 성모님이 있던 소성당의 언덕까지는 묵주기도를 하며 걸어갔다. 비 때문에 바위가 미끄럽고 가팔라서, 거칠고 가쁜 숨 고르기를 반복하면서 산중턱의 작은 성당까지 올라갔다. 낡은 성당 한편에는 누군가 놓고 간 물건들이

몬세랏의 검은 성모

빼곡히 걸려 있었다. 몇 번 쓰지 않은 새 것도 보이고, 제법 쓸 만한 물건들도 많았다. 잃어버린 물건을 모아두는 곳이라고 보기에는 언덕이 너무 멀고 깊다. 아무도 설명해 주는 이가 없어서 잠시 의문을 품다가 잊고 말았다. 돌아오는 길은 다행히도 비가 그쳤다. 드러난 맑은 하늘이 구름과 어우러져 성산의 신비스러움을 더해 주었다.

하산하는 길은 마음이 가벼웠다. 일행 중에 무릎이 불편한 이가 많아서 오르는 길도 힘들었지만 내려가는 길은 더 어려웠다. 천천히 조심스레 가는데도 경사 길에 넘어져 엉덩방아를 찧기도 했다. 다치지 않아서 다행이긴 하나 어려운 길이라 짜증이라도 내지 않을까 걱정하던 차에 여기저기 웃음소리가 터져 나왔다. 넘어지는 모양도 우습거니와 그 모습을 보고 한마디씩 던지는 농 섞인 핀잔이 원자폭탄처럼 웃음에 웃음을 자아냈다.

천진한 웃음 때문에 성산의 경건함이 깨져버렸다. 이를 어쩌나. 하지만 나의 근심은 기우에 지나지 않았다. 성산은 우리의 경건한 기도를 받아 주었으며, 우리의 거친 숨도 그대로 받아 주었다. 이제 우리가 자아내는 웃음과 목청을 울리는 환호를 받아 줄 차례다. 어떤 모습이라도 성산 몬세랏은 변함없이 우리를 있는 그대로 받아 주고 있었다. 그가 우리를 받아

씨앗을 키우는 힘

천진한 웃음 때문에 성산의 경건함이 깨져버렸다.

이를 어쩌나.

성산 몬세랏은 우리를 있는 그대로 받아 주고 있었다.

주는 만큼 우리는 몬세랏의 일부가 되어갔다.

시간이 한참 지나서 몬세랏의 기억이 추억이 되어갈 즈음, 산 속의 경당에 버려진 물건들이 '성 이냐시오' 때문이 었음을 알게 되었다. 스페인 태생의 이냐시오 Ignacio de Loyola는 예수회의 창설자다. 지금부터 약 500년 전에 이냐시오가 몬세랏에 와서 머물렀단다. 어느 날 귀족 신분을 표시하는 귀한 옷과 소지품을 사람들에게 나눠 주고는 가난한 순례자의 옷으로 바꾸어 입었단다. 그리고 이 초라한 성모님의 성당에 올라 밤새 기도하며 자신을 봉헌했다.

겉을 둘러싼 껍질을 벗어 가난한 이들에게 나누어 주고 알몸으로 주님과 성모님께 스스로를 봉헌한 이냐시오는 그 마음 그대로 예수회를 창설했다. 경당에 남겨진 소지품들은 짊어진 허울을 벗어버리고 이냐시오 성인처럼 살고 싶은 순례자의 염원이었다.

있는 그대로 하느님 앞에 서고 싶었던 이냐시오라기에, 장엄한 몬세랏에 가난한 수도자들이 잘 어울린다고 생각했다. 그리고 간절하게 기도하고, 목청껏 웃고 소리쳤던 우리 역시 있는 그대로라서 몬세랏과 어울리던 순례자였다.

씨앗을 키우는 힘

조선으로 첫 진출, 상트 오틸리엔

　봄 언덕에 지천인 제비꽃이 그다지 눈에 들지 않았다. 노르베르트 베버 아빠스(대수도원장)를 만나기 전까지는 그랬다. 그에게서 꽃을 감상하는 법과 그것을 가슴에 심는 요령까지 배우고 나서부터 제비꽃을, 가장 좋아하는 꽃 중에 하나로 여기게 되었다. 베버 아빠스가 공주 황새바위를 다녀간 것은 1911년 4월 25일이었다.

　숱한 시신이 가까운 언덕에 매장되어 무덤이 온 언덕을 뒤

독일 상트 오틸리엔 수도원,

맑은 하늘이 마을을 온통 감싸던 날,

작은 호수에 비친 수도원은 실제 수도원과 어느 게 진짜인지 구별할 수 없었다.

덮었다. 순교자의 무덤과 범죄자의 무덤이 한데 섞여 구별
되지 않았다. 무덤가에 수줍게 핀 푸른 제비꽃이 숨은 영웅
들의 고귀한 정신을 상기시켜 주려는 듯 달콤한 향기를 뿜
었다. 향은 우리 알프스 제비꽃과 비슷했다. 여기 영웅들이
잠들어 있다. 우리는 그들의 소리 없는 인사를 알아들었다.
이 제비꽃을 집으로 가져가 여기 잠든 성인·성녀와 죄 없
는 아이들의 굳은 신앙을 기억하려 한다.

_336쪽《고요한 아침의 나라》(노르베르트 베버 지음, 박일영·장정란 옮김, 분
도출판사, 2012)

무덤이 즐비한 황새바위에는 푸른 제비꽃이 피어 있
었다. 그 작고 가녀린 몸에서 풍기는 향기가 순교자의 영광을
경축하는 들꽃의 경연이라는 걸 아빠스 때문에 알게 되었다.
아니 믿게 되었다. 그가 가져간 제비꽃은 그의 수도원 어디쯤

조선으로 첫 진출, 상트 오틸리엔

에서 여전히 달콤한 향기가 되어 영웅들을 찬미하고 있을까. 아무도 답할 수 없는 나의 물음은 베버와 순교자와 나를 맺어 주는 그리움의 매듭이다.

상트 오틸리엔 수도원은 독일 남부 바이에른에 있다. 1909년 두 명의 수사가 한국에 진출한 이래로 서울의 혜화동을 거쳐 덕원 수도원으로 이어졌다. 그리고 6·25전쟁 때문에 왜관으로 옮겨 왜관 성 베네딕도 수도원이 되었다.

조선대목구장 뮈텔 주교가 상트 오틸리엔을 방문한 것은 1908년 9월 14일이었다. 교사가 턱없이 부족했던 조선 교회에 사범학교 설립과 운영을 청하려는 것이었다. 유럽의 어떤 수도원도 조선을 위해 선뜻 나서줄 수가 없었다. 구걸이라도 하듯이 프랑스로 로마로 떠났다가 한줄기 마지막 희망으로 찾아간 곳이었다.

100년 전 뮈텔 주교의 애타는 심정은 아랑곳없이 아름드리 나무숲과 밀밭을 가로지른 언덕 마을 오틸리엔은 소설에 나오는 중세의 나라처럼 아름다웠다. 언덕 꼭대기에 성녀 오틸리아 경당이 이 수도원 마을의 기원이고, 수도원의 이름이 상트 오틸리엔인 이유이기도 하다.

오랜 옛날, 날 때부터 앞을 볼 수 없었던 오틸리아는

씨앗을 키우는 힘

기적적으로 빛을 찾았다고 전해진다. 성녀는 오늘날에도 시각 장애인들의 수호자이다. 수도원은 영적으로 눈 먼 이에게 빛을 전한다는 뜻의 좌우명을 오틸리아 성녀로부터 얻었다고 했다.

뮈텔 주교는 오틸리아 성녀께 모든 것을 맡기고 조선으로 돌아왔다. 그리고 이루어질 수 없을 것 같았던 수도원의 조선 진출이 성사되었다. 노르베르트 총아빠스가 수도회의 파견을 결정했다. 기적으로 눈이 열렸다는 오틸리엔 성녀의 전구 때문일까. 수도원이 세운 학교와 수도자들이 파견된 성당과 공동체를 통해 조선의 수많은 젊은이들에게 문명과 문화와 신앙의 눈이 열려갔다.

맑은 하늘이 마을을 온통 감싸던 날, 작은 호수에 비친 수도원은 실제 수도원과 어느 게 진짜인지 구별할 수 없었다. 낙엽 하나가 잔잔한 파문을 일으키고서야 깊은 착각에서 벗어났다. 파문에 일렁이는 호수 속의 수도원에는 100년의 추억마저 너울너울 퍼져 나왔다. 지구 반대편에서 조선을 위해 나선 대사제 뮈텔의 지친 발자국이 호숫가에 어리어 있다. 그 자국을 따라 돌아 수도원 성당으로 들어갔다.

찬미 소리가 장엄하던 아침 미사와는 다르게 고요한

침묵이 큰 성당을 가득 채웠다. 중앙 제단 위의 낯익은 성상 앞에 머물렀다. 미사가 거행되는 제대의 네 기둥을 성 오틸리아 성녀와 함께 성 김대건 안드레아 신부가 떠받치고 있다. 문득 시선을 돌려 시야에 들어온 성당 벽에는 6·25때 한국에서 순교한 38명의 얼굴이 걸려 있다. 그 가운데 한국인이 13명이다.

성당에 가득한 달콤한 향기는 아침 전례에 사용했던 분향의 잔향일 것이다. 그렇더라도 순교자를 기억하려고 베버 아빠스가 이곳으로 가져갔다는 조선의 제비꽃이 이렇듯 향기롭게 피어난 것이라고 나는 생각하련다.

씨앗을 키우는 힘

나일강의 이집트

성서의 땅이 늘 궁금했다. 세상의 그리스도교 신자들이 다 같은 마음이라 그토록 오래, 그렇게 많은 사람들이 그 땅을 찾아 순례를 나섰을 터였다. 하지만 그것을 실행으로 옮기는 건 쉬운 일이 아니었다. 긴 여정이 될 수밖에 없는 순례라, 시간도 돈도 건강도 도와주어야 했고, 무엇보다 통 큰 각오로 떠나려는 '마음먹기'가 필요했다. 통 크게 마음먹을 수 있었던 건 우리 선생님 덕분이다.

이집트를 여행하자는 선생님의 권유와 초대가 이번

순례의 결정적인 이유가 됐다. 호들갑을 떨지는 않았으나 속으로 쾌재를 부르며 초대에 기꺼이 응답했다. 선생님은 나의 지도교수이다. 지난번 메소포타미아, 나의 첫 해외 순례도 선생님과 함께였다. 그때 성서의 땅을 걸으며 느낀 감동은 평생 잊을 수 없을 것이다.

이번 여행도 틀림없이 그럴 거라는 기대와 오랜 숙원의 하나이기도 해서인지 출발을 앞두고 여간 설레는 게 아니었다. 더욱이 역사, 민속, 문학, 교육과 같이 다양한 분야의 석학들이 동반자였다. 마음 편하라고 던진 우스갯소리에서조차 속 뜻 그윽한 지혜를 담아주는 이들이었다. 그들은 각자의 지식과 관심사에 따라 유적을 살피고, 공유해 주었다. 유네스코 세계문화유산 제도가 나일 강 때문에 생겼다는 사실도 그때 알았다.

1960년에 아스완이라는 도시에 하이댐을 건설하면서 수몰될 뻔한 누비아 유적을 지키자고 시작한 운동이, 1972년 유네스코에서 '세계유산 조약'을 통과시키면서 시작되었다고 한다. 날을 더할수록 이집트의 역사와 문화가 흥미롭게 다가왔다. 그리고 그 잡다한 지식들이 나의 유일한 관심과 어울려 씨줄과 날줄처럼 엮이더니 익숙한 무늬를 수처럼 놓기 시작했다.

씨앗을 키우는 힘

아브라함과 모세와 요셉과 예수, 점점 더 선명해지는 성서 속 인물, 성서의 언어들이 지나치는 발길마다 선명하게 드러나고 있었다. 일행의 '유적답사'에서 나만의 소심한 성지순례가 펼쳐졌다. 그 작은 가슴을 넉넉하게 채우고도 넘친 아름다운 순례가 그날의 '이집트, 나일'이었다.

'나일Nile'은 세상에서 가장 긴 강이다. '위대한 강'이라는 옛사람들의 탄성이 그대로 이름이 되었단다. 태곳적부터 주어진 나일 강의 소명이란 메마른 사막의 골짜기를 말없이 흘러가는 것이었다. 그가 보듬고 지나는 곳이면 어디든지 생명이 잉태되고, 마른 땅은 옥토가 되어 또 다른 생명을 자아내었다. 강이 범람하면 범람할수록, 물이 홍수가 되어 넘쳐나면 넘쳐날수록 대륙의 사막은 축복이요, 희망이 되는, 이곳은 파라오의 왕국 이집트다.

흉년을 만난 아브라함이 이집트를 찾은 것도, 야곱의 자손들이 기근을 피해 몸 붙여 살던 땅도 '나일'의 어귀였다. 어린 아기 모세가 죽음에서 건져진 갈대숲 역시 위대한 나일 강이었다. 아, 그곳의 오래된 도시 안에는 베들레헴 출신의 가난하고 단란한 가족도 있었다.

　　　　　　　　나일강의 이집트

박사들이 돌아간 뒤, 꿈에 주님의 천사가 요셉에게 나타나서 말하였다. "헤로데가 아기를 찾아 죽이려 하니 어서 일어나 아기와 아기 어머니를 데리고 이집트로 피신하여 내가 알려줄 때까지 거기에 있어라."

_마태오 복음 2장 13절

베들레헴에서 태어난 예수님을 유다인의 왕이 될 아이라며, 동방의 현자들이 찾아와 경배 드렸다. 이 사실을 알게 된 헤로데 왕은 두 살 이하의 사내아이를 학살하는 끔찍한 일을 벌였다. 예수님은 양아버지 요셉과 성모 마리아의 품에 안겨 이집트로 피신했다. 그리고 헤로데가 죽은 뒤 이스라엘 땅으로 돌아갔다.

전승에 따르면 이 가족이 이집트에서 산 것은 약 3년 반 정도였다고 한다. 세상의 구세주가 자신의 발로 첫 발을 뗀 곳이 아마도 저 나일의 언저리였을 것이다. '예수 마리아 요셉', 아브라함처럼 야곱처럼 모세처럼 죽음에서 건져진 예수님의 가정은 고달픈 구원의 여정을 여기서부터 다시 떠난 것이다.

수천 년의 세월을 거스르고 싶어서 나일 강 속 깊숙

씨앗을 키우는 힘

이에 손을 묻었다. 그렇게라도 선조들의 추억으로 들어가기 위해서다. 강물도 순례자의 마음을 헤아린다는 듯이 파문을 몰고 오며 일렁거렸다. 이 물결은, 마른 목을 축이려고 두 무릎을 땅에 딛고 허리를 굽힌 아브라함과 나일의 입맞춤이다. 물에서 건져진 아이답게도 물놀이가 행복했을 이집트의 벌거숭이 어린 왕자 모세의 물장구이다. 자신의 발로 세상을 딛고 선, 어린 아기 예수의 첫 걸음이다.

저기, 작은 돛배 하나가 나일에 실리어 간다. 생명과 추억과 작은 돛단배를 싣고 오늘도 제 소명을 다하는 나일은 옛 사람들의 탄성 그대로 위대한 강임에 틀림없다.

나일강의 이집트

꽃으로 피어나기를

그와 나의 고향, 내포에서

대림, 나와 그리스도를 회상함

교구 사제는 1년에 적어도 한 번 일정 기간 동안 피정을 해야 한다. 교구에서 마련한 피정에 참석하지 못해, 개인 피정을 할 생각으로 여주의 한 수도원을 찾아갔다. 마침 돌아오는 주일부터는 대림절이 시작된다. 대림절待臨節은 성탄 직전 4주간을 말한다. 하느님이 격을 낮춰 인간으로 오시는 현실이 강림降臨이고, 그 대표적인 사건이 예수님의 '성탄'이다. 또 부활한 예수님이 다시 오시는 사건, 재림再臨은 세상의 종말이 된다.

천주교 전례력은 오랜 전통으로부터 강생의 신비를 묵상하는 성탄절에 재림의 종말까지도 함께 기억하도록 '대림절'을 안배했다. 그래서 교회의 전례 달력은 대림절부터 새해가 시작된다. 한 해의 끝과 새해를 시작하는 매듭에서 피정을 할 수 있었던 건 참 다행스런 일이었다.

여주의 피정집은 일상을 벗어나 고요히 머물고 싶은 마음에 가능한 한 멀리, 할 수 있는 한 낯선 곳을 찾으려는 생각이었다. 내포의 들녘에서 멀찌감치 떨어져 보려고 작정하고 택한 곳이 거기였다. 자동차로 오기는 했으나 꽤나 먼 길을 달려와서 그랬을 것이고, 그보다 이래저래 바삐 지내다 보니 쌓인 피로도 겹쳤을 것이다. 초저녁에 도착했는데도 깊은 밤을 여행한 나그네처럼 지치고 피곤했다.

다음날 아침 하늘은 구름 한 점 없이 맑은데 해가 어디 있는지 알 수가 없다. 크고 높은 산의 능선들이 날카롭게 날을 세운 채 켜켜이 수도원을 둘러쌌기 때문이다. 태양을 가린 험악한 산세가 영 익숙하지 않다. 나의 시야는 먼 지평선과 마주하는 게 더 편안한, 이른바 '내포 들 놈'이 되었나 보다.

아침 식사를 알리는 종이 울렸다. 식당으로 가는 길에 몇몇 청년들과 마주쳤다. 건장하고 젊은, 젊어서 고운 그들

대림, 나와 그리스도를 회상함

은 부제서품을 준비하는 신학생들이었다. 부제는 사제의 직전 단계이지만 독신을 서약하고 교회로부터 주어진 사명을 공적으로 수행하는 '성직자'이다. 어쩌면 한 개인에게는 사제로 서품되는 순간보다 부제가 되기 위해 벌인 인간적이고 영적인 투쟁이 훨씬 치열할지도 모른다.

고요한 듯 보이지만 치열하게 투쟁하는 얼굴들이 비장해 보였다. 침묵 중인 그들과 시선조차 마주치지 못했다. 조심스레 내딛는 걸음에서 그들의 간절하고 경건한 기도가 전해지는 것 같다. 그래야 한다. 그 젊은 날에 생의 한 매듭을 단단하게 짓고 다시 떠나야 한다. 지나간 추억 속 분신 같은 젊은 혈기를 만나고서야 거친 산 속이 푸근해졌다.

경건한 젊은이들에게 넋을 빼앗긴 채 식당 문을 들어서다가 부딪칠 뻔했다. 백발에, 조금은 대머리가 된 노인이 환한 미소로 인사를 건넸다. 말문이 막혀버렸다. 그는 나를 알아보지 못했지만 나는 그분을 분명하게 알아보았기 때문이다. 선생님, 아니 신부님이었다. 예의 그 부제들처럼 패기 있고 젊었던, 젊어서 고왔던 청년 신부님이 인자한 노인이 되어 앞에 서 계셨다.

"저, …… 신부님. 저 …… 신학교에서 …… 저 너무

합덕 성당,

어제의 추억이 기도가 되고,

기도가 된 추억은 새 삶을 시작하는 출발점이 된다.

오랜만에 ……."

　　말을 다 잇지 못하고 몇 가지 단어만 더듬어댔다. 선생 신부님은 못 알아봐서 미안하다고 여러 번 말씀했다. 그리고 침묵 중에 우리는 미소로만 줄곧 이야기했다. 마지막 날 '천국에서나 다시 보자'고 농담처럼 속삭인 말도 흐뭇했다.

　　피정 내내 과거를 회상했다. 부제품, 신학교, 그리고 합덕 성당. 어제의 추억이 기도가 되고, 기도가 된 추억은 새 삶을 시작하는 출발점이 된다.

　　한 해의 원점인 대림절을 맞았다. 이제 우리네 추억의 원점인 '예수 그리스도'를 회상할 차례다. 그 추억이 기도가 되고 삶이 되기를 희망하면서 말이다.

'성체거동'을 회상하며

삼복三伏의 무더위였다. 가만히 있어도 등줄기에 땀이 흐르도록 후덥지근했다. 오죽하면 이런 날을 두고 솥에 담아 '삶는 것 같다'고 비유했을까. 이런 날에 축제가 다 무엇이며, 행렬이 다 뭐냐고 말할 만도 하다. 이유야 어찌 되었건 우리는 축제를 시작했고, 성체의 장엄한 거동 준비에 들어갔다.

'성체거동'은 천주교 신앙을 표현하는 오래된 전례 가운데 하나이다. 미사 중에 축성된 성체를 나누어 먹는 예식을 '영성체'라고 하고, 남은 성체는 병자를 위해 남겨두되 그

합덕 성당 성체거동,

산들 부는 바람이 등줄기에 맺힌 구슬땀을 식히더니,

행렬 앞의 만장으로 치달아 가서는 편주 위의 돛대처럼 우리를 이끌어 갔다.

리스도의 현존을 마주할 수 있도록 성당에 모셔둔다. 특별한 날에는 교우들과 함께 성체를 장엄하게 모시고 성당 주변을 공공연하게 행진하고, 세상을 향해 축복하기도 한다. 이것이 성체거동이다. 요즘은 우리나라 성당에서 흔하게 볼 수는 없지만, 오랜 전통을 지금까지 유지하는 성당들도 있다. 정해진 성체거동 날이 다가오면 준비하는 이들의 마음이 분주해진다.

교우들은 벌써부터 화단의 풀을 매고, 성당 안팎을 꼼꼼히 쓸고 닦았다. 행렬 길은 미리 정해 두었으므로, 그 길을 닦는 것은 당연한 일이다. 하지만 교우들은 보이는 곳뿐만 아니라 보이지 않는 곳, 자주 손대지 않는 구석까지도 손을 보았다. 그리고 행렬 길을 정화하는 그만큼 스스로의 영혼까지 정화해 갔다.

심성 속에 깃들어 유산처럼 상속된 우리의 태도가 그랬나 보다. 성당도 없던 시절, 아니 천주교인이라는 이름만으로도 혹독하게 벌을 받던 박해기에 합덕 사람의 마음가짐이 그러했다.

1865년 합덕에는 프랑스인 위앵 신부가 살고 있었다. 스스로 붙인 한국 성이 민이라서 사람들은 그를 민 신부라고 불렀다. 조선에 첫 발을 내디딘 곳이 합덕이고, 교우들을

　　　　　'성체거동'을 회상하며

대신해서 마지막 붙잡힌 곳도 합덕이었다. 9개월이 전부였던 그의 조선 생활은 여기가 전부라서 그가 남긴 조선 이야기는 곧 합덕의 이야기였다. 그가 말해준 19세기 어느 날의 합덕이 나의 시선을 끌어당겼다.

> 저의 작은 오두막집 뒤에 약간의 땅이 있는데 그곳에는 열두 걸음 정도의 길이 있습니다. 그 길가에는 꽃들이 있는데 이것은 14살인 집 주인의 딸 테레사가 저를 기쁘게 해주기 위해 심은 것입니다. 테레사는 여름에 건조한 시기에 꽃들에게 더 신경을 씁니다. 꽃들이 자신을 위한 것처럼요. 저는 산책을 하면서 그곳에서 성무일도를 바칩니다.
>
> _112쪽 《순교성인 위앵 루카 신부》(에밀 보티에 지음, 정현명 옮김, 갈매못성지, 2012)

도망자처럼 숨어 사는 처지라도 민 신부는 자신만의 꽃길에서 행복했을 것이다. 그 길을 따라 산책하고 기도하며, 시련 중에도 안식을 누렸다. 아마도 열두 보폭의 짧막한 꽃길은 민 신부의 일생 가장 행복한 순례길이 아니었을까. 14살 테레사의 정성이야말로 유산처럼 상속된 합덕의 심성이라 말하고 싶다. 그 심성이 푸른 눈의 사제에게까지 전염되었다고

꽃으로 피어나기를

나는 믿는다.

민 신부는 자신을 사랑해준 교우들을 위해 스스로 붙잡혔다. 부지런히 땀 흘린 노고로 곱고도 싱싱한 꽃을 피웠던 테레사처럼, 민 신부는 그를 위한 순교의 꽃을 피우려고 마지막 순례길을 걸어갔다. 그렇게 1866년 3월 30일, 합덕의 사랑을 넉넉히 받은 행복한 사제로 생을 마감했다.

우리는 그 옛날에 어린 테레사의 마음으로 꽃길을 닦고 가꾸었다. 성체의 주님께서 실리어 가실 꽃길을 흐뭇한 기대로 만들어 갔다. 그리고 마침내 주님의 성체가 경건하고 장엄한 모습으로 지친 속세를 강복하며 이 길에 행차했다. 우리의 기도와 정성이 하늘에 닿은 것일까. 비바람이 몰아치리라던 예보는 여지없이 빗나갔다. 먹구름에 울먹이던 하늘은 삼복의 땡볕을 차양처럼 덮어 주었다. 살랑 부는 바람이 등줄기에 맺힌 구슬땀을 식히더니, 행렬 앞의 만장으로 치달아 가서는 편주 위의 돛대를 끌어가듯 우리를 이끌어 갔다.

이것이야말로 진정한 축제다. 땀과 정성이 깃든 희생이 제물이 되어 하늘에 올려지고, 하늘은 우리의 정성을 어여삐 여겼노라고 응답해 주었으니 말이다.

'성체거동'을 회상하며

천상의 둥근 미소

　막달레나 씨는 여든 고개를 훨씬 넘겼다. 인생길의 험한 고개를 넘어왔는데도 야트막한 이 언덕을 오르기가 버거운가 보다. 굽은 등에 손을 얹고 몇 번이나 쉬어야 여기까지 이를 수 있다. 아마도 거친 인생의 고갯길을 넘어오느라 그 곱고도 생기 넘치던 청춘을 죄다 소진해버린 탓일 게다.

　그래도 그녀는 날마다 이곳을 오르내린다. 몇 번씩 오르는 날도 있고, 하다못해 저 아래 신작로를 가로질러 가다가도 굽은 허리보다 더 깊이 머리를 숙여 언덕을 향해 절을 올린다. 그 옛날 모세에게 시나이처럼 그녀에게 이 언덕은 인생이고 신앙이며 기적의 장소다.

그날도 막달레나 씨는 거친 숨을 몰아쉬며 언덕을 올라왔다. 낡은 옷이었지만 정갈하게 차려입은 양장 치마가 딸수녀님이 입고 왔던 수도복만큼이나 경건하게 느껴졌다.

"어쩐 일이세요?"

"강복첨례(성체강복) 드리러 왔시유."

"오늘 아니고 다음 주일인데요."

"……."

멋쩍어서 더 활짝 웃어젖힌 그의 얼굴에 둥그렇고 온화한 주름이 선명하게 드리워졌다. 그녀는 깨끗한 신발을 문 앞에 가지런히 벗어두고 모세처럼 맨발로 성전에 들어갔다. 그리고 제단 위 성체의 예수님께 예의 그 깊은 절을 드리고 나서, 한참을 앉았다가 되돌아갔다.

죽을 만큼 숨 가쁘게 언덕에 올라 그리운 주님께 문안을 드렸으니, 잘못 알고 올라온 시간이라도 강복첨례의 은혜만큼 넉넉한 은총이 주어졌으리라. 자신의 얼굴에 새겨졌던 그 둥글고 온화한 미소를 한 주님께서 틀림없이 그를 보고 계셨으리라.

천상의 둥근 미소

열아홉에 고향을 떠난 95세 도마 할아버지는 먼 길도 마다 않고 이따금씩 이 언덕을 찾아온다. 근처 마을에서 태어난 그도, 여기서 신앙과 인생을 알아가기 시작했다. 육신이 태어난 집이 있지만 그가 그리워 찾아오는 마음의 고향은 이 언덕이라고 이야기했다.

까까머리 어린 시절, 이 언덕에서 그의 소명은 미사 중에 신부님을 보필하던 '보미사(복사)'였다. 여기서 매일 봉헌되던 새벽 미사에 자신이 단골 보미사였노라며, 흐뭇한 미소를 활짝 띠었다. 어느 날엔 주임 신부님, 보좌 신부님, 손님 신부님의 미사까지 연거푸 세 번의 미사를 시중들고 돌아와 학교에 갔다고 했다.

어제처럼 생생하게 전하는 그의 말투 속에는 보미사의 자랑스러움이 가득 묻어 있었다. 주일 오후면 어김없이 봉헌되던 '강복첨례'를 어디선가 본 듯한 둥근 미소와 함께 연이어 회상해 갔다.

몸을 푼 산모가 생기면 신부님은 촛불을 밝힌 보미사를 앞세워서 성체를 모시고 행렬해 가셨단다. 미사 중에 영하고 남은 성체를 환자를 위해 나눠주는 걸 '봉성체'라고 부른다. 죽을 만큼 힘겹다는 산고라 해도 예수님의 성체가 위로가 되고, 성체의 은혜가 영약이 되는 합덕 성당 이 언덕의 기적들

꽃으로 피어나기를

이 아흔다섯 꼬마 복사 도마의 기억을 통해 되살아났다. 작은 '성체거동' 그 위대한 행렬로 산고의 인내 위에 피워냈을 아기 엄마의 둥근 미소가 떠올랐다. 그리고 그를 바라보실 성체 속 주님의 둥그렇고 온화한 미소가 나의 머릿속에 선명하게 그려졌다.

막달레나 씨의 멋쩍은 웃음에서, 도마 할아버지의 흐뭇한 미소로부터 선명하게 떠올린 둥근 미소는 천상 시민들의 하나같은 얼굴일 것이다.

천상의 둥근 미소

종탑의 울림으로 남아

봉세鳳世Poncet신부님은 유쾌한 사람이었다. 그 유쾌함은 전염성이 강해서 그와 이야기를 나누면 누구라도 금세 미소를 머금게 되고, 그를 만나면 언제나 행복해졌다. 지금도 그를 떠올리면 웃음이 나온다. 늘 흥얼거리던 콧노래 소리도 눈을 감고 조금만 귀를 쫑긋거리면 들려오는 것만 같다. 팔순이 가까운 나이에도 여전히 천진함을 간직한 그이야말로 '어린이처럼 돼라' 하신 예수님의 말씀, 그 실현이라 여기고 싶다.

꽃으로 피어나기를

합덕을 위한 그의 근심은 이제 천국에서 올리는 기도로 바뀔 것이다.

성당의 종이 울릴 적마다 그의 콧노래와 어울려

천상의 하모니를 이룰 것이다.

지난 6일 새벽(2017), 그는 세상을 떠나 천국으로 돌아갔다. 속세의 순례를 마치고 본향으로 돌아가는 날엔 '슬퍼하지 말라'고 당부했단다. '축제처럼 기꺼이 보내달라'며 부탁하고 떠났단다. 1968년, 스물아홉 젊은 날에 한국의 사제가 되겠다고, 육신을 낳아준 첫 번째 고향 프랑스를 떠나온 지 49년만이었다. 그 사이 또 하나의 모국이 된 충청도 땅은 남겨진 그의 육신을 엄마처럼 품어 주었다. 그가 항상 바라던 대로 영원히 충청도의 흙으로 돌아간 것이다.

　　그를 처음 본 것은 중학교 1학년 때였다. 지구학생 체육대회가 아니라면 교리경시대회였을 것이다. 신부님은 시골 성당의 학생들을 인솔해 오셨다. 키 큰 서양인의 외모와 어울리지 않게 제의를 감싼 흰 보자기를 손수 들고 있는 모습이 그런 대로 어울려 보이는 게 인상적이었다. 그때도 그는 콧노래를 흥얼거리고 있었다. 신학생 시절, 선교사인 그에게 선교학을 수강할 수 있었던 것은 행운이었다.

　　이방인 선교사이지만 교우들의 사랑을 넉넉히 받았다는 고백에 그 옛날의 김대건과 순교 사제들을 떠올린 건 우연이 아니었다. 사랑을 받은 목자는 반드시 사랑으로 보답한다는 걸 그들을 통해 수없이 읽어왔기 때문이다. 순교자도 착

　　　　　　　　　　꽃으로 피어나기를

한 목자도 그를 사랑하는 교우들이 만들어 냈다는 걸 이미 알고 있었다. 그가 이 땅의 흙으로 돌아가려는 이유를 어렴풋하게나마 짐작할 수 있었던 이유다.

그와 함께했던 프랑스 여행은 다시 얻을 수 없는 선물이 되었다. 비행기에서 영어로 안내하는 한국인 승무원에게 '나 불란서 놈이요' 하며, 우리말로 능청스럽게 화답하던 상습적인 농담은 바라본 모두를 흐뭇하게 만드는 그만의 치명적인 무기였다. 비가 무척 내리던 날 내게 가르쳐 준, 지하철 역에서 파리외방전교회로 비 안 맞고 가는 법은 50년도 훨씬 넘은 무형문화재급 노하우다.

신리 성지와 합덕 성당에 세워진 종들은 그가 알프스까지 동행하며 묻고 챙기고 고민해 주지 않았다면 존재하지 못했을지도 모른다. 그에 대한 기억이 주마등처럼 스쳐 지나가는 동안 여전히 천진한 콧노래의 여운이 귓전에 맴돌고 있었다.

천진하고 유쾌한 그이였지만 세상에 남은 미련이 딱 하나 있었다.

"합덕의 종은 어떻게 되었대? 종탑이 약할까 걱정인데……."

그의 마지막 남은 근심은 합덕 성당이었고, 성당에서

장엄하게 울려 퍼질 종소리였다. 성당 종을 다시 울리겠다고 말했을 때, 가장 기뻐했던 사람이 그이였다. 청빈한 주머니에서조차 다시 울릴 종소리에 보태고 싶다며 남모르게 봉헌하고 만족해했다.

성당의 종소리는 모든 걸 알려준다. 미사 시간이 임박할수록 종소리는 급해지고, 사람들은 걸음을 더 서둘렀다. 느리고 처량하게 울리는 종소리는 누군가 세상을 떠나 천주께로 갔다는 뜻이라고 했다. 합덕 사람들은 종소리를 통해 기도할 때와 일할 때, 떠날 때와 머물 때를 알았다. 종은 탁월한 설교가였고, 그 소리가 미치는 곳은 어디나 거룩한 성당이 되었다. 종소리가 사라진 세상을 그와 함께 안타까워했었다.

이제는 더 이상 걱정하지 말라는 하늘의 뜻일까? 그가 성급히 떠나간 바로 그날 이른 아침, 성당에 종이 도착했다.

장례미사 내내 흘러내리는 눈물을 손등으로 연신 훔쳐 올렸다. 슬퍼하지 말라는 당부 때문이다. 축제이길 바라신 유언 때문이다. 그리고 생의 종착까지 합덕을 위해 근심해 준 고마움 때문이다. 그가 바라던 대로 그의 육신을 충청도의 한 모퉁이 땅에 묻고 돌아오는 길이 행복했다.

합덕을 위한 그의 근심은 이제 천국에서 올리는 기도

꽃으로 피어나기를

가 될 것이므로. 성당의 종이 울릴 적마다 그의 콧노래와 어울려 천상의 하모니를 이룰 것이므로.

사제 서품 50주년

감사미사를 향한 소망

천주교 신자들은 세례명을 기념하는 '영명축일'에 서로를 위해 기도하고, 축하도 한다. 사제에게는 축하할 기념일이 하나 더 있다. 사제로 서품되던 날, 서품 기념일이다.

나의 서품 기념일을 다른 사람들은 잘 모른다. 모르는 편이 더 낫다. 어떤 해에는 여행 중이어서 홀로 미사를 드린 적도 있고, 어떤 해에는 함께 서품 받은 동료들끼리 성지순례를 떠난 적도 있다. 아, 지금 생각해 보니 정성스런 손글씨로 적은 카드에 나를 위해 기도했다는 편지를 받은 때도 있었

꽃으로 피어나기를

으니 남들이 전혀 모르는 것은 아니었다. 하지만 보통은 혼자 기념하는데 서품 날만은 사제직의 주인인 그리스도와 단둘이만 지내는 게 좋다.

그렇더라도 나의 사제 서품 50년에는 꼭 해 보고 싶은 것이 있다. 고향 성당에서 첫 미사를 드리던 그 모양대로, 나를 아는 교우들과 미사를 봉헌하고 싶다. 상처투성이나마 힘겨운 여행길을 잘도 걸어왔노라고 어깨를 두드려 줄 분이 있다면 더 바랄 것이 없겠다. 이런 꿈을 갖게 된 것은 사제 서품 50주년 기념, 금경축을 맞은 선배 사제들이 자신의 고향 합덕 성당에서 지내는 걸 보면서부터다. 아무 거리낌도 없이 나고 자란 터전으로 돌아와 감사와 축복을 천진하게 나누는 선배 사제들이 부러웠고, 그들을 품어낸 교우들이 자랑스러웠다.

1967년 12월 19일, 건장한 사내들이 차가운 돌바닥에 엎드려 있다. 싱싱한 심장으로부터 연유하는 뜨거운 박동으로 말미암아 주교좌(주교의 의자라는 뜻으로 교구의 중심성당) 대흥동 성당이 춤추듯 들썩이는 것만 같다. 제물처럼 바쳐진 젊은 청춘들, 그들의 남겨진 소명이란 천주를 위해 살고, 천주를 위해 죽는 일뿐이다. 그분의 백성들을 위해 청춘을 사르는 것만이 그들의 유일한 권리가 되었다. 첫 사제 김대건으로부터 쉬지 않고 이어온 이 땅의 탁덕들에게 주어진 복된 멍에다.

50여 년 전 그날, 합덕은 탁덕(덕을 행할 수 있도록 지도하는 사람이라는 뜻으로, '신부'를 이르는 말) 김 발라바, 탁덕 윤 베드로를 탄생시켰다. 핏빛 순교에 서린 내포의 절개와 '천주'라는 이름으로 다져진 선인들의 신앙이 자양분이 되었다. 합덕의 들녘은 자궁과도 같이 그들을 품어 주었다. 그리고 갓난아기 예수를 고운 포에 고이 감싸 성전에 봉헌하던 어머니, 마리아의 마음으로 합덕은 그날, 아들들을 제단에 봉헌했다.

세월이 참 많이도 흘렀다. 언젠가 노사제들이 하는 말에 귀가 번쩍 뜨였다.

"우리 고향, 우리 본당, 우리의 모태……."

합덕을 향해 스쳐가듯 내뱉은 말 속에서 애잔한 그리움을 발견한 까닭이다. 교우들마저 가식 없는 입담에서 흘러나온 "우리 신부님" 하던 말도 귓전에 맴돈다. 합덕의 가슴은 한 번도 그들을 보낸 적이 없었다. 싱싱한 청춘에서 백발의 노사제가 되도록 그들도 역시 합덕을 떠난 적이 없었던 게다.

눈으로 보지 않아서 더 생생하게 기억해 내고, 손으로 만지지 못해서 더욱 애틋이 그리워하는 것이 우리가 사고

꽃으로 피어나기를

하는 방식이다. 그것이 주님께서 우리에게 가르쳐 주신 바 '서로를 사랑하는 방법'이리라.

　　　그래도 오늘만은 주름진 얼굴이나마 눈으로 보고, 쉰 목소리나마 귀로 듣고, 야윈 손으로 온기를 나누어보자. 엄마의 품 안에서 천진하게 웃고 울며 까불던 형제들처럼 합덕의 품 안에서 그 그리운 회포를 풀어보자. 자랑스러운 내포의 아들, 영원한 합덕의 '탁덕'을 허락하신 하늘 아버지께 특별한 감사를 청하고픈 오늘이다.

가끔은 호되게
꾸중을 들어야

교구 사제들은 1년에 한 번 정해진 기간 동안 피정을 해야 하고, 일정한 주제로 교구에서 주관하는 사제연수도 참여해야 한다. 세상에 놓인 신부로서 교회의 가르침을 재확인하는 것은 물론이거니와 변화하는 시대의 징표를 살피는 것도, 새로운 가르침을 섭렵하는 것도, 의무로 부여될 만큼 중요하다는 것이다.

그런데 어느 때는 연수에 참석하기가 조금은 귀찮을 때도 있다. 한 번 정도는 안 가면 어떻겠느냐며 적당한 이유를

꽃으로 피어나기를

들어 스스로 둘러댔다가도 '에그, 그래도 가는 게 마음이 편하지' 하며 신발을 질질 끌다시피 참여한 적도 있었다.

금년의 사제연수에는 '예수성심대축일'이 들어 있었다. 예수님의 마음을 살피라는 축일이고, 그 마음을 닮아 거룩하게 살라고 '사제성화의 날'로 삼고 있기도 하다. 연수의 강사로 오신 분은 신학생 시절의 선생 신부님이었다. 이웃 교구 주교님으로서 맡은 소임을 다하고 지금은 은퇴하신 분이다. 나를 포함한 내 위로 거의 모든 현직 신부님들이 그의 제자가 된다. 그래서인지 강의를 듣는 기분이 묘했다. 마치 신학교 훈화 시간이 재현된 듯했기 때문이다.

신학교의 밤은 언제나 대침묵이었다. 다음날 아침 식사 때가 되어서야 침묵이 풀렸다. 신학교도 시대마다 조금씩 내규가 변했을 것이라고 짐작하지만, 내가 기억하는 그 토요일 밤만은 대침묵이 잠시 해제되었다. 끝기도를 마친 대성당은 여전히 고요하나 체감되는 공기에서부터 한껏 들뜬 기분이 느껴진다. 긴장하며 한 주간을 보낸 학생들에겐 침묵의 유보만으로도 오아시스 같은 청량함이 있다.

조금은 게으르고 싶은 그날, 그러나 여지없이 나타나서 느슨한 가슴을 채근하며 길을 재촉하는 이가 있었다. 그게

가끔은 호되게 꾸중을 들어야

선생 신부의 마음이고, 그것이 학장 신부의 역할이리라.

사제란 무엇인가? 신부의 삶이란 어떠해야 하는가? 입에서 몸으로, 몸에서 영혼으로 혼신을 다해 열변을 토하는 선생 신부님의 훈화에 긴장의 매듭을 질끈 동여매던 학생 시절 그 토요일 밤이 생생하다.

"성인신부 되려면 이래야지."

"그게 뭐니 예수님이 그러셨니?"

가끔은 그 옛날의 그런 충고가 듣고 싶었다. 그렇게 혼내는 사람이 그리웠나 보다.

지난 사제연수 동안 학생이 되어버렸다. 나는 다시 커다란 강의실에 앉았다. 예의 그 선생님은 토요 훈화를 하는 듯 열변했다. 지난날, 그 그리운 추억이 그대로 재현되고 있었다. 침묵이 해제된 신학교의 토요일도 아니고, 학생들도 늙스그레 백발이 되어버렸지만 변하지 않은 것이 있었다. 어린 시절 귀를 쫑긋거리면서 들었던 선생 신부님의 어투, 언간에 머금은 미소나 손짓조차 그대로였다. 그리고 무엇보다 '사제란 무엇이고, 신부의 삶이란 어떠해야 한다'던 말씀조차 그대로였다. 오늘만큼은 은퇴한 주교님이 아니라 조바심 많은 선생님이셨고, 그 앞에서 나는 걱정을 듣는 학생이었다.

　　　　　　　　꽃으로 피어나기를

학생이 된 것처럼 나도 모르게 다시 긴장의 끈을 동였다. 그리고 '내 양들을 돌보라신 예수님의 마음을 잊지 말라'는 선생님 말씀을 우직한 소처럼 곱씹고 되새기리라 마음먹었다. 훈훈한 또 하나의 추억을 만들어서 집으로 돌아오는 길이 행복했다.

오늘처럼 나는 가끔 호되게 꾸중을 듣고 혼이 나야만 하는가 보다.

가끔은 호되게 꾸중을 들어야

합덕본당 신부

합덕본당은 천주교 박해가 끝나고 충청도에서 처음으로 세워졌다. 1890년에 시작되었으니, 100년을 훨씬 넘긴 오래된 성당이다. 게다가 성당이 있는 내포 지역은 행정상의 지명은 아니지만 충청남도 서북 지역 일대를 가리키는데, 한국천주교 역사에서 가장 많은 신자를 배출한 땅이다. 그렇다보니 본당의 교우들 가운데는 누대에 걸쳐 신앙생활을 해온 이른바 '구교'들도 많고, 새 교우라 하더라도 이 지역의 신앙적 분위기가 몸에 배어 있는 이들이 많다.

꽃으로 피어나기를

선조들로부터 내려온 신앙 전통이 교우들의 신앙생활 속에서 은연중에 살아 있다는 것을 문득 느낄 때마다 합덕 본당 신부로 이름을 올린 것이 자랑스럽게 생각되곤 했다. 나는 24대 합덕본당 신부이다.

얼마 전에 나는 5년 동안의 합덕본당 신부 소임을 거두고, 새 임지인 솔뫼 성지로 가라는 교구장의 공문을 받았다. 아무 때나 아무 곳으로나 명하는 대로 떠나는 게 사제의 운명이라 기꺼운 마음으로 명령을 수용했다. 언제든 떠날 것을 알면서도 영원히 있을 것처럼 살았던 흔적을 일주일 만에 지워 나가려는 게 쉬운 일은 아니었다. 주섬주섬 너절하게 펼쳐진 짐을 꾸리다가 책장에 꽂힌 조선대목구장 뮈텔 주교 일기를 펼치게 되었다.

우리는 아름다운 합덕지合德池 둑길을 따라가고 있었는데, 그 저수지는 우리가 횡단하고 있는 굉장한 평야에 물을 대는 역할을 하고 있었다.

_《뮈텔 주교 일기 2》(한국교회사연구소, 2008) 중 1896년 10월 26일 자

합덕 성당은 처음에는 들판(내포 평야) 마을 중 하나

인 양촌에 있었다. 1899년에 이곳으로 이사 왔으니, 그것도 백 년이 훨씬 넘었다. 뮈텔 주교는 합덕 방죽을 통해 양촌으로 가고 있었다. 방죽 둑은 그쪽 들판으로 가는 유일한 길이었다. 이미 오래전 박해기에도 신부들과 교우들이 이 길을 걸어갔다. 숱한 사람들이 이 길을 걸었어도, 거기 성당이 들어설 줄은 아무도 몰랐을 것이다. 5년 전에 합덕본당에 오기 전부터 나는 방죽 길을 자주 걸었다. 순교자의 흔적이고 선조들의 남겨진 자취이기 때문이다.

뮈텔 주교님은 합덕 방죽을 걸으며 호수의 아름다움을 당신의 일기장에 기록했다. 너무나 짧은 구절이라 조금은 아쉽다. 하지만 '아름답다'고 적은 주교님의 감동이 어쩌면 내가 오늘 느끼고 있는 모든 것을 이야기하는 것은 아닐까.

그분의 짤막한 감상은 그대로 기도가 되었나 보다. 아니면 일기로 적어낸 그의 말은 천주의 뜻을 전하던 예언자의 언어였을지도 모른다. 거기 적힌 아름다운 호수 곁에 오늘같이 아름다운 성당이 들어섰기 때문이다. 천주의 뜻이 그렇게 실현되었기 때문이다.

짐을 꾸리다가 지쳐 잠든 사이에 또 하루가 지났다. 며칠 남지도 않은 시간인데 새 날이 반갑잖은 줄 모르고 창문

꽃으로 피어나기를

오늘만큼은 나도 가슴에 담아둔 내 생의 감동을 한 줄 일기로 적어두고 싶다.

'나는 아름다운 합덕본당 신부였다'고.

앞에 성큼 다가온 게다. 가리어진 커튼을 열며 서러운 아침마저 열어젖혔다. 어김없이 방죽 둑길이 눈에 들어왔다. 뮈텔 주교님의 시야에 들었던 바로 그 둑길이다.

그날의 수많은 만남과 사건 중에서 주교님에게 가장 인상 깊었던 광경을 오늘은 내가 마주하고 있다. 그분의 시선이 되어 오랫동안 합덕 방죽을 바라보았다. 순교자가 가신 길이고, 착한 목자가 거닐던 길이다. 선조들의 피와 신앙이 엮이어 장관을 이룬 호수, 합덕지를 주교님은 당신의 가슴에 담았으리라.

누구도 하루의 모든 일상을 다 기억해낼 수도 없고, 적어낼 수도 없다. 가장 감동적이고 가장 인상 깊은 어느 한 가지만이 가슴에 남아 언어로 발설될 수 있다. 그날 주교님의 가슴에 합덕과 합덕지가 가장 감명 깊은 사건이었다는 게 자랑스럽다.

오늘만큼은 나도 가슴에 담아둔 내 생의 감동을 한 줄 일기로 적어두고 싶다.

'나는 아름다운 합덕본당 신부였다'고.

꽃으로 피어나기를

봄
바
람
이

불
어
야

　　맑은 하늘의 위력이다. 불과 얼마 전까지만 해도 바위처럼 단단했던 땅이 막 부어낸 연두부처럼 흐물흐물 녹아내린다. 마른 풀숲을 조심스레 밟았어야 했는데, 무심코 디딘 진탕에 설빔으로 얻어 신은 새 구두가 빠지고 말았다. 신발에 엉겨 붙은 진흙은 발을 아무리 굴러봐도 떨어지지 않는다. 내포에서는 '장화 없이 살 수 없었다' 하더니, 그 옛날에 준비도 없이 진흙땅을 지나려던 나그네라면 필시 크나큰 낭패를 보았으리라.

221　　　　　　　　　　　　　　　　　봄바람이 불어야

1866년 병인년의 봄도 그랬다. 돌같이 단단하던 내포의 벌판이 풀처럼 녹아내린 까닭을 벽안의 나그네는 정말 몰랐던 걸까.

'가지 마시오, 우리를 버려두고 떠나가지 마시오!'

정든 목자를 보내기 싫어서 수줍은 충청도의 가슴들이 눈물로 애원했다. 모진 바람이 앞길을 막고 낡은 짚신을 차진 갯땅이 끈질기게 붙잡았는데도 그리도 성급하게 떠나버렸다. 푸른 눈의 나그네 '다블뤼'는 그가 사랑하던 아니 그를 사랑하던 교우들을 남겨두고, 질척이는 갯땅 위에 슬픈 자국들도 새겨 놓고서 160여 년 전 이즈음 떠나가 버렸다.

교우들이 가장 많았던 충청도 내포 지방은 혹독한 박해에도 선교사들의 은신처가 되었다. 교우촌 신리 마을에 다블뤼 주교가 머물렀던 것도 그래서였다. 다블뤼는 조선의 다섯 번째 주교였다. 1845년 김대건 신부와 함께 조선에 입국할 때만 해도 스물일곱 살의 청년 사제였다. 그가 조선의 선교사가 된 것은 천주의 뜻이 분명했다.

1845년 육로를 통해 조선으로 갈 수 없었던 페레올 주교가 김대건 부제만 들여보내고, 자신은 마카오로 돌아왔다. 김대건이 배를 타고 상해에 오면 연락을 취하기로 약속했

꽃으로 피어나기를

기 때문이다. 마카오에는 뜻밖의 젊은이가 머물고 있었다. 프랑스에서 막 도착한 앙투안 다블뤼 신부였다.

> 업무 때문에 마카오에 오신 조선대목구장님이 임지로 가기 위해 이 배(라파엘 호)를 탈 예정이랍니다. 누나의 동생이 조선대목구장과 함께 가면 어떨까요? 어떻게 생각하세요? 이것은 가능한 일입니다. 결정만 나면 되는 겁니다. ……어쩌면 제가 며칠 후에 우리들의 좋으신 부모님께 이 행복한 소식을 알리는 편지를 쓰게 될 겁니다. 며칠만 기다려주세요. 그런데 말이에요. 저는 정말이지 너무나 행복합니다. 조선으로 가다니요! 그래요. 모두들 제게 이런 일이 가능해지도록 기도를 잘 해주셨습니다. 저는 너무 황송해서 얼굴이 화끈거립니다.
>
> _1845년 7월 12일, 마카오에서 다블뤼 신부가 누나 수녀에게 보낸 편지

본래 류우쿠로 가기로 했던 다블뤼 신부는 페레올 주교를 만나면서 조선 선교사를 자원했던가 보다. 그에게 조선은 어떤 곳이었을까. 조선으로 가는 것이 황송하고 얼굴이 화끈거릴 만큼 그렇게도 행복한 일이었을까. 그는 결국 자신이 원하는 대로 수모와 모욕과 비참한 죽음이 기다리는 조선의

봄바람이 불어야

선교사가 되어, 김대건 신부와 함께 입국했다.

그로부터 21년을 조선의 신부로 살았다. 조선의 거리를 마음 놓고 활보해본 적도 없이 도둑처럼 숨어 산 세월이 21년이었다. 그래도 오랜만에 만난 신부를 보고 기뻐서 우는 교우들을 보며 주체할 수 없는 감동과 힘을 얻었다고 했다.

언제나 교우들은 잘못을 회개하고 오래전부터 기다려왔던 신부를 보고 기뻐서 웁니다. …… 그러다가 헤어져야 할 시간이 되면 강제로 헤어져야만 하는 가족들처럼 울고불고 난리입니다. 슬프지요! 어쩌면 그들이 살아 있는 동안 그들의 마음 부담을 덜어주고 그들의 하느님과 결합시켜 줄 신부를 다시 보지 못할 수도 있으니까요. 연속적으로 일어나는 이런 강한 감동, 저의 초라한 마음에도 너무 강한 이런 감동을 이해하시겠습니까?

_266쪽 《성 다블뤼 주교의 생애》(샤를 살몽 지음, 정현명 옮김, 대전가톨릭 대학교출판부, 2006)

교우들의 사랑을 극진히 받은 목자는 받은 은혜 그대로 교우들에게 돌려주어야 했다. 그들을 위해 젊음을 불사르고, 교우들을 위해 순교하는 것만이 그 보답이 될 것이다.

꽃으로 피어나기를

1866년 박해가 한양에서 시작되고, 포졸들은 내포의 구석까지 선교사를 찾으려고 들이닥쳤다. 선량한 교우들을 볼모로 삼아 선교사를 찾으려는 포졸들에게 조선의 최고 목자 다블뤼가 순순히 체포되었다. 교우들을 풀어주는 조건으로 젊은 선교 사제들마저 자수하도록 권유하게 만들었다. 그리고 그들은 모두 참수로 생을 마감했다. 병인년에 시작된 대 박해를 가장 혹독하게 치른 곳이 이 땅이었다.

다시 봄바람이 분다. 곱게 빗은 머리를 헝클어뜨리고, 야무지게 여미지 못한 저고리 틈바구니로 꽃샘바람이 새어든다. 새어든 바람이 차갑지도 않은데 스치는 기운마다 쓰리고 아리다. 그래도, 바람아 불어라. 질펀히 젖은 땅을 바람아 얼른 말리어다오. 부슬부슬 마른 땅을 깊게 갈고 곱게 썰어서 생명의 씨앗을 뿌리려 한다. 푸른 움이 돋아나서야 선한 목자가 두고 가신 슬픈 자취를 덮어 주겠지. 그제야 새 신이 빠지지도 아니하겠지.

봄바람이 불어야

수난으로 부활의 영광에

봄기운에 노곤해진 땅을 비집고 이름도 모르는 풀꽃들이 불쑥불쑥 솟구쳐 올랐다. 뿌린 적도 없이 공空으로 얻은 횡재치고는 희고, 노랗고, 붉은 빛깔의 조화가 잘도 어울려서 공功들여 꾸민 정원만큼이나 제법 근사하다. 수난과 부활은 한몸이라더니, 비장한 긴장이 감도는 수난절에도 내포의 대지는 진작부터 부활을 맞이하고 있었다.

비장한 각오로 성주간을 시작하려던 즈음에 비보가 날아들었다. 성지 근처 본당신부 모친의 선종 소식이었다. 아

226   꽃으로 피어나기를

흔한 살 엄마는 저녁 잠자리를 요람 삼아 평안히 선종하셨단다. 조금은 당황하는 기색이었지만, 말이 '비보'이지 경사라 해도 믿을 만큼 휴대폰 너머로 들리는 목소리가 경쾌했다. 장례를 치르는 동안 그의 성당 미사를 대신하겠노라고 약속했다. 작은 노고나마 부조扶助 하려는 마음이었다.

고향에서 거행된 장례미사도 그랬다. 영결의 엄숙함도 성주간의 경건함도 있었으나 그 속에 감도는 분위기가 아들 신부의 목소리처럼 사뭇 경쾌하게 느껴졌다. 충청도의 교우들에게서 나는 이런 기도 말을 자주 들었다.

"기왕에 거두시려거든 '오, 주 천주의 수난 날'에 데려가 주시오."

오래 살고 품위 있게 살고 싶은 건 모든 사람이 가진 바람일진데, '천주님 수난 날에 함께 데려가 달라'는 기도야말로 신앙의 언어다. 사순시기 수난 묵상의 절정인 성주간에는 천국의 문이 열린다고 생각했다. 교우들은 그리스도의 수난에 동참하는 것이 세상에서 드릴 수 있는 가장 탁월한 기도로 여겼다. 그리스도의 마음이 되고, 스스로 그리스도와 하나가 되려는 것이다. 구십여 풍상, 어머니의 쉼 없는 기도는 이제야 끝을 보았고 그렇게 이루어졌다.

장례미사의 강론으로 동료 신부 하나가 그분과의 만

남을 회상했다. 어린 시절에 뵈었던 엄마는 강마르고, 새까
만 얼굴이었단다. 엄마는 그렇게 생긴 분이라고 믿어왔다.
그런데 세월이 흘러 말년에 그분을 뵈니 보얗고 고운 어머니
였다고.

'본래 이렇게 고운 엄마였구나.'

그녀는 곱고도 생기 넘치던 젊음을 손 뼘만 한 땅뙈
기에 죄다 쏟아붓고 까만 얼굴에 거친 손과 맞바꾸었다. 땅도
그의 마음을 알았다는 듯이 엄마의 청춘을 자양분 삼아 싹을
틔우고 생동하며 쉼 없는 부활을 이뤄갔을 것이다. 수난과 부
활은 한몸이라더니, 아리따운 청춘과 맞바꾼 그의 인생은 자
녀들을 키워내고, 핏빛 충청도 땅에 생기를 불어넣었다.

장례미사를 드리고 돌아오는 나의 발걸음도 경쾌했
다. 또 한 명의 순교자, 또 하나의 예수를 만났기 때문이다. 그
리고 까만 얼굴, 거친 손이 아름다운 그 고운 엄마에게 우리를
위해 기도해 달라고 전구를 청했다.

'기왕에 거두시려거든 저도 천주의 수난 날에 데려가
주시라고 기도해 주시오.'

가야산 산행길에서

내성적인 충청도의 소박한 미소를 만나려면 빼놓지 말고 가야 할 곳이 있다. 적도처럼 뜨거운 여름이라도 계곡에서 자아내는 차가운 바람 때문에 땀으로 젖은 등줄기가 오싹하도록 서늘한 골짜기이다. 지금은 서산 땅이지만 한때는 당진 땅이었고, 더 옛날로 거슬러 가면 해미가 관할하던 이곳은 운산면 용현리이다.

수십 년 전 어느 농부가 알려주었다는 골짜기의 바위에는 언제 만들어졌는지도 모르는 커다란 불상들이 새겨져 있다. 서산마애삼존불, '백제의 미소'라는 별명답게 수줍은 웃음을 한 입 머금은 모양이 영락없이 충청도의 그것이다. '백제의 미소'는 전염성이 강해서 보는 이는 누구라도 같은 미소를 머금게 된다.

불상이 나눠준 미소를 간직한 채, 계곡을 조금만 더 거슬러 가면 지금은 흔적만 남은 절터 보원사가 나온다. 절터 뒤로 이어진 작은 오솔길은 가야산을 오르는 산행로 가운데 하나이다. 나는 이 길을 좋아한다. 어떤 날에는 오르내리는 동안 한 사람도 마주치지 않은 적도 있을 만큼 한적한 숲길이다. 가야산을 오르려고 나설 때면 무심결에 다시 찾아, 따라 오르고 조금은 더 머물다가 떠나오곤 하던 곳이다. 시작은 외길인 듯해도 능선을 따라가면 정상에도 이를 수 있고, 갈림길을 잘 고르면 해미로도 덕산으로도 갈 수 있다. 지금처럼 찻길이 없던 시절에는 아마도 큰 고을로 연결되는 요긴하고도 좋은 길이었을 것이다.

《치명일기》, 해묵은 책을 다시 꺼내들고 피어린 순교자의 이름을 되뇌어 본다. 치명일기는 1866년 병인년 박해의 증언록이다. 순교자를 목격하거나 들은 사실을 꼼꼼하게 검증해 적어 놓았다.

꽃으로 피어나기를

'강당이 사람 김 방지거, 강당이 김 요셉과 열일곱 명 한동네 사람, 용나름 마을 임 야고보와 가족들', 사람들의 기억에서 잊혀온 쓸쓸한 오솔길처럼, 세상에서 잊힌 순교자의 고운 이름들이다. 이 계곡이 품고 있던 교우촌의 옛 이름을 사람들은 '강당이'와 '용나름'이라 불렀단다. 가야산을 둘러싸고 가장 많은 순교자가 여기에서 나왔다. 박해가 끝나고도 한참 동안을 수많은 교우들이 이곳 언저리에 모여 살았다. 지금도 남아 있는 옹기 가마의 흔적이 교우촌의 신앙을 추억하고 있다.

　잊힌 오솔길이 이유 없이 발길을 그렇게도 이끌더니만 순교자의 자취가 어려 있던 까닭이었나 보다. 포교들의 호령에 이끌리어 거친 숨을 헐떡이며 가파른 고갯길을 그렇게 걸어갔으리라.

　지나간 산행길에서 힘겹게 걸어올라, 거친 숨을 고르려고 기대었던 바윗돌은 아마도 치명길에 쉬어가던 순교자의 안식처였음에 틀림이 없다. 오솔길과 바윗돌과 순교자와 삼존불의 미소를 떠올려 본다. 순교자의 얼굴은 슬프지 않았다. 백제의 미소보다 더 밝고 수줍은 미소가 그 입가에 어리어 있다. 절름거리며 가는 길이 천상까지 이어졌으므로……．

피톤치드와 소나무 언덕

해가 긴 여름에는 때늦은 순례자가 많다. 날씨가 무더울수록 저무는 해마저 여간 강하고 성가신 게 아니다. 여름 석양을 피하기에는 숲이 제격이다. 더구나 '소나무가 우거진 언덕'이야 말해 무엇하겠는가.

솔뫼 성지 소나무 숲에서 순례 온 어느 자매와 마주쳤다. 그들은 공기도 맑고, 숲이 아름답다며 환한 웃음으로 솔숲을 예찬했다. 처음 만난 행복한 호들갑의 이 자매 때문에 덩달아 기분이 좋아졌다. 어느 모로든 솔뫼가 좋다는 말을 들으

꽃으로 피어나기를

십자가의 길,

서 계신 예수님은 빌라도 같고,

죄도 없이 붙잡혀서 그 앞에 끌려 온 아이들이 꼭 예수님 같다.

면 마치 내가 칭찬을 받기라도 하는 듯이 우쭐한 기분이 든다. 기분이 좋아진 나는 그들의 말에 맞장구를 쳐가며 더욱 귀담아 들었다. 자매 중 한 명이 나와 숲을 번갈아 보며 말했다.

"피톤치드Phytoncide가 많이 나오니 좋겠어요."

나는 "그렇다"고 답했다. 사실 나는 피톤치드가 뭔지 잘 모른다. 자매의 행복한 미소와 평화로워 보이는 표정과 숲을 가리키며 만족해하는 분위기로 미루어 보건대, 아마도 피톤치드는 사람을 행복하게 하고 기도를 잘하게 해주는 물질인가 보다. 그렇다면 솔뫼는 피톤치드가 엄청나게 많이 나온다. 나무와 숲이 발산하는 기분 좋은 물질도 있겠거니와 순례자들의 활력 넘치는 발걸음은 보기만 해도 충만한 느낌이 든다. 오늘은, 자매 스스로가 나무보다 더 많은 '피톤치드'를 뿜어내고 있었다.

밥을 욕심껏 먹은 저녁에 배가 좀 꺼지라고 솔숲을 걸었다. 저물어 가는 성지에 아직도 순례자가 여럿이다. 주머니에서 꺼낸 묵주를 습관처럼 굴려가며 숲을 거의 돌았을 즈음, 한 젊은 가족이 눈에 들어왔다. 숲 안에 있는 '십자가의 길' 기도를 막 시작하려던 참이었다.

십자가의 길은 예수님의 수난 여정을 14개 처소로

나누어 묵상하도록 하는 기도이다. 성지 숲속에는 실제 크기에 가까운 14처가 브론즈로 마련되어 있다. 제1처는 총독 빌라도 앞에 서서 사형선고를 받는 장면이다.

엄마는 기도 책을 반듯하게 펴들고 예수님 상 앞에 서서 경건하게 기도를 드렸다. 고만고만한 어린아이 둘은 병아리처럼 이리저리 제멋대로 돌아다녔다. 아빠가 바빴다. 입으로는 엄마의 기도와 보조를 맞춰 기도문을 함께 바치고, 몸은 쉴 새 없이 움직이며 아이를 하나씩 잡아다가 예수님 앞에 계속 끌어다 놓았다. 서 계신 예수님은 빌라도 같고, 죄도 없이 붙잡혀서 그 앞에 끌려 온 아이들이 꼭 예수님 같다. 그 모양이 자꾸 웃음을 자아내더니 나를 점점 행복하게 만들었다. 기도에 방해가 될까 봐, 눈치 채지 못하도록 조심스레 손을 들어 축복해 주었다.

사제관으로 오는 짧은 오솔길에도 숲속의 가족이 궁금해 자꾸 뒤를 돌아본다. 때마침 부드럽게 이는 바람과 함께 솔숲 가득 우리를 감싸는 이 충만함의 정체가 무엇일까.

'아, 그렇지. 이것이 성지에 가득 피어난다는 피톤치드의 정체이겠지. 대건 신부님의 사랑이겠지.'

피톤치드와 소나무 언덕

영원을 향한 지침

모임에서 나눠 받은 새 책을 훑어보았다. 수원교회사 연구소에서 엮은 《볼리외 신부 자료집》이다. 고마운 노력의 귀한 결실이다. 볼리외Bernard Louis Beaulieu 신부는 조선 박해기에 활동한 선교사이다. 한국식 이름이 서몰례徐沒禮라 서 신부로 불렸다.

1840년 프랑스 보르도의 '랑공'에서 태어나고, 1865년 지금의 당진 합덕 신리로 입국한 뒤, 이듬해 순교하셨다. 어렴풋이 알고 있던 볼리외 신부님이 오늘처럼 익숙하고 그

꽃으로 피어나기를

리운 것은 글로나마 생동하는 말씀들 덕분이다. 1백 수십여 년 전, 이 나라 내포 땅 언저리로 들어오신 어진 목자, 그 자취 어디쯤 우리의 발걸음도 포개졌을 것이다. 천상까지 이어진 그의 남은 자취가 인쇄된 철자 속에 선명히 새겨졌다.

볼리외 신부는 1864년 5월 21일에 사제로 서품되었다. 서품식 며칠 전에 그의 새로운 고향이 '조선'이라는 것을 알았다. 몇 해 전, 프랑스 방문 중에 파리외방전교회의 부제 서품식에 참석한 적이 있었다. 서품식이 끝나고 부제들이 장차 사제가 되어 떠나게 될, 그리하여 자신의 새로운 고향이 될 나라가 공지되었다. 마치 약혼식을 치른 연인처럼 부제들은 새 고향에 대한 애정을 키워 간다고 했다.

볼리외 신부가 자신의 임지를 알게 된 건 얼마 되지 않았지만 '나는 이 조선이란 나라를 내 영혼의 모든 열기를 다하여 이미 사랑하고 있다'고 고백했을 만큼 이 땅에 대한 기대와 애정으로 충만해 있었다. 그리고 그의 진심은 순교로 증명되었다.

순교자는 살아 있다. 쪽마다 피어나는 음성을 듣고, 행간에 서린 미소를 마주하노라면 지친 나의 영혼에도 생기가 돈다. 건성건성 넘어가던 책장이 덜크덕 멈춰 선 것은 순

파리외방전교회 조선 선교사들(왼쪽부터 4명),

꽃처럼 고운 청춘은 영원을 얻은 대가처럼 바쳐졌다.

주인을 잃은 시계는 병인년 어느 봄날에 멈추었을 것이다.

그렇게 멈춰버린 운명의 지침은 영원의 시간을 가리키고 있다.

교자의 마지막 편지에 이르러서다.

> 우리의 대목구장이신 갑사의 명의주교 베르뇌 주교님께서
> 는 당신의 선교사제들을 위해 성능 좋은 시계를 몇 개 물색
> 중이셨는데, 제 시계를 보시고는 고모부의 시계점에서 구
> 입하기를 원하십니다. 그러니 베르뇌 주교님을 수신자로
> 하여 시계 5개를 파리외방전교회 신학교장 알브랑 신부님
> 께 부치세요.
>
> _1865년 12월 18일, 볼리외 신부가 브레즈 씨에게 보낸 편지

아직 앳된 얼굴이었을 26살 젊은 목자는 아버지 같
은 베르뇌 주교님과 함께 1866년 3월 7일 새남터 사장에서
참수되었다. 주문한 시계가 조선까지 이르려면 아직도 멀었는
데, 성질 급한 목자들은 시계보다 앞서 나가 시간의 주인에게
서둘러 갔다. 꽃처럼 고운 청춘은 영원을 얻은 대가처럼 바쳐
졌다. 주인을 잃은 시계는 병인년 어느 봄날에 멈추었을 것이
다. 그렇게 멈춰버린 운명의 지침은 영원의 시간을 가리키고
있다. 브레즈 씨의 시계는 성능이 좋다고 하더니만, 영원을 가
리키는 천상의 시계는 세상에 다시없는 좋은 성능을 가졌음
에 틀림이 없다.

영원을 향한 지침

다음 일을 준비하려고 시계를 살핀다. 첨단의 기능을 가진 시계가 새벽을 알리고 있다. 오늘도 잘 해 보려는 다짐 너머로 이는 씁쓸함은 내 운명의 지침이 아직도 영원을 향하지 못하는 까닭이다. 하늘 저 너머로, 볼리외 신부님에게 부치고 싶은 나의 편지가 있다.

'순교자 볼리외여, 당신의 것과 꼭 같은 성능 좋은 시계 하나, 우리를 위해 주문해 주시지 않겠소.'

꽃으로 피어나기를

천국의 전령, 솔뫼 베네딕도 수녀원

아침 미사를 드리러 문을 나서는데 바닥이 젖어 있다. 예보에 비 소식이 없었으므로 잠시 이상하다고 생각했으나 시선을 조금 멀리 두고서야 이유를 알았다. 솔숲에 안개가 유난히 자욱했다. 안개는 세상을 경건하고 신비롭게 만드는 능력이 있다. 아무리 익숙한 장소에서 늘 봐왔던 물건이라도 안개가 감싸고 나면 낯설고 신비롭게 변화한다.

어제까지만 해도 맑은 하늘 아래 적나라하게 드러났던 오솔길이 안개 속 깊숙이 빨려들어, 그 끝이 어디인지 도대체 알 수가 없다. 그 옛날 스승을 따라 높은 곳에 올랐다가 짙은 구름 속에서 천둥 같은 음성을 들었다는 베드로처럼 나는 어쩌면 천상의 음성을 기대하며 초점 없는 시선으로 솔숲을 주시하고 있었다.

보얀 안개 너머로 희뿌연 물체가 느껴졌다. 움직임이 점점 선명하게 드러날수록 나의 시선도 또렷하게 초점을 찾아갔다. 시야에 들어온 움직임의 정체는 이웃에 살고 있는 베네딕도 수녀님들이었다. 가뜩이나 정결하게 보이는 미색 수도복이 신비스런 안개에 휩싸여 경건함을 더하고 있었다. 베드로가 보았다는 구름 속의 모세와 엘리야는 아니더라도 안개에 곱게 쌓인 수도자들이 거친 속세에 천국을 알리러 온 전령처럼 생각되었다.

수녀님들은 성지의 아침 미사에 가장 큰 손님이다. 매일 이곳에서 미사를 드리며 하루의 시작을 하느님께 바친다. 수도원에는 작고 예쁜 성당이 있고, 아침 기도 시간도 따로 있지만 미사만은 성지에서 봉헌한다. 비가 오거나 바람이 불거나 오늘처럼 안개 때문에 앞이 보이지 않는 날에도 어김없이 솔숲 오솔길을 지나와 성지의 성당에서 남은 찬미를 채워나간다.

언젠가 예루살렘 순례 중에, 그곳에 살고 있는 프란치스코회 수사님으로부터 자신들이 이 성지를 지켜 왔노라고 자랑스럽게 말하는 걸 본 적이 있다. 그가 말한 성지를 지키는 방법은 미사였다. 수도자들은 쉬지 않고 성지에서 미사를 봉헌해 왔다고 했다. 쫓겨나거나 순교하더라도 다시 돌아가 미사를 드렸다고. 처음에 의아하게 생각되던 수사님의 이야기는 어느 대목인지 알 수 없는 가운데 머리에서 가슴으로 파고들었다.

베네딕도 수녀님들이 이곳에서 매일 미사를 드리고, 그렇게 하루도 빠짐없이 성지를 지키다 보면 그들은 성지와 하나가 되어갈 것이다. 수녀님들은 아침 미사의 가장 큰 손님에서 이미 성지 미사의 주인이 되어가고 있다.

수도자들의 일상은 단순하다. 성 베네딕도는 자신의 제자 수도승들에게 '기도하고 일하라'고 가르쳤다. 그래서 수녀님들의 가장 중요한 일과는 기도이다. 그리고 일이다. 일이 기도의 다른 모양이라는 건 나중에서야 알게 되었다.

좋은 비료와 약을 써서 더 많은 수확을 내고, 작은 비용으로 큰 효과를 얻는 건 중요하지 않다. 꽃을 심고, 물을 주고, 풀을 매는 일이 목적이기 때문이다. 손톱보다 작은 허브

꽃을 조심스럽게 따고 씻고 펼쳐서 정성스레 말리는 게 목적이지, 그걸 좋은 값에 팔아 더 좋은 일에 쓰겠다는 선량한 계산조차 그들에겐 없다. 본전도 못 되는 농사이거나 반도 안 되는 수확에도 놀라고 감사한다. 그게 기도이고 수도생활이다. 그래서 수도자는 세상과 어울리는 게 아니라 세상을 품는 것이다.

구경 삼아 수녀원의 농장에 갔다가 꽃에 대한 설명을 들은 적이 있다. 카모마일은 어떤 꽃이고, 임금님초는 이러이러한 이야기가 있다고 했다. 요한네스는 피를 흘린다고 했던가. 나는 그날의 이야기들을 거의 기억하지 못한다. 하지만 정성스런 마음으로 성의껏 알려주던 그날의 따듯한 배려를 잊지 않고 있고, 그에 대한 고마운 마음도 여전히 남아 있다.

수녀님들의 정성과 나의 감사로 그날 만남의 의미는 충분히 채워졌다. 그들의 일은 자연과 소통하는 것이고, 사람들과 맺는 관계이며, 하느님을 만나는 길이다. 이미 하늘나라를 살고 있는 수도자에게는, 우리가 성공하려고 애쓰는 그런 세상이 별로 필요가 없다.

하지만 세상은 수도자가 꼭 필요하다. 우리가 가장 소중하게 여기는 것이 아무것도 아닐 수 있다는 걸 그들이 알려주는 까닭이다. 우리가 소중하게 여겨야 할 것이 어떤 것인

꽃으로 피어나기를

지를 보여주어야 하기 때문이다.

　　미사가 끝나고 세속의 바쁜 일과를 시작하려고 서둘러 사제관으로 가다가 뒤를 힐금 돌아보았다. 수녀님들이 예의 그 안개 속으로 다시 사라져 가고 있었다. 속세에 잠시 다니러 왔다가 제자리로 돌아가기라도 하는 듯이, 여전히 짙고 보얀 안개 속으로 스며들었다.

　　먼 훗날 세상이 다하고 나서 천국에 이르게 될 때에도 솔뫼의 숲과 농장과 성당에서 그랬던 것처럼 그들은 변함없이 천주를 찬미하고 있을 것이다.

순교자를 닮은 순례자

아직은 맨살에 닿는 볕이 따갑다. 차창 안으로 밀려
든 햇빛이 성가셔서 차양을 이리저리 옮겨가며 피하던 참이
었다. 갓길도 없이 굽어가는 시골길에 무리 하나가 열을 지어
걸어간다. 멀리서 봐도 희끗희끗 나풀거리는 모양이, 틀림없
이 오전에 성지에서 미사를 드린 수녀님들일 것이다. 오늘 처
음 만났는데도 무심히 지나쳐지지가 않는다.

내포를 걷는 순례자는 누구에게나 왠지 모를 동질감
이 강하게 느껴진다. 내포는 어느 길을 걷든, 어느 마을을 지

나가든 옛 교우들의 자취가 서려 있다. 종종거리며 내딛는 발걸음은 하나도 빠짐없이 순교자의 자취에 우리의 발을 포개어 가는 일이다. 걸음 하나에 기도가 되고, 땀 한 방울에 봉헌이 되는 여기는 신앙의 땅 '내포'다.

열을 지어가는 수녀님들 곁을 지날 때에는 차의 속도를 줄였다. 약간의 축복과 격려의 표시로 저들의 순례에 나의 기도를 보태고 싶었기 때문이다.

수녀님들 모두 비슷하게 눌러 쓴 모자가 크기는 해도, 바람에 창이 자꾸 뒤집히는 통에 얼굴은 이미 벌겋게 달아 있었다. 무리보다 조금 뒤처진 수녀님이 힘겨워 보이길래, 주춤 세운 차창 밖으로 소리를 쳤다.

"타실 튜~?"

"……."

수녀님은 미소로 점잖게 사양을 했다. 사실, 말수 적은 충청도 신부가 큰맘 먹고 제안한 것이었는데 말이다. 그런데도 나의 배려를 거절한 수녀님이 밉지가 않다. 지친 다리를 이끌어서라도 귀한 땅을 자기 발로 남김없이 디뎌 가려는 그의 마음을 읽을 수 있었기 때문이다. 멋쩍은 채로 다시 차를 몰아, 가던 길을 이어갔다. 차 속 거울로 뒤를 힐금 돌아다보니, 하얀 베일을 파란 하늘이 온통 감싸고 있다.

　　　　　　　　　순교자를 닮은 순례자

순례자는 늘 그런 식이다. 나같이 평범한 교우이면서
도 순교자처럼 말하고 행동하고 걸으려 한다. 어제 혼자서 순
례 온 교우도 그랬고, 거친 태풍 바람 속에 이 길을 걸었던 이
들도 꼭 그랬다. 그렇게 말하고 행동하고 흉내 내다 보면, 이
렇게 순교자의 자취를 따르노라면, 시나브로 순교자를 닮게
되는가 보다.

태풍이 전에 없이 모질었다는데 사람이 크게 상하지
않았다니 그나마 다행이다. 때 아닌 장마까지 길었던 탓에 가
을이 선사하는 깊은 하늘을 만끽할 여지도 없었다. 그래서인
지 이즈음 하늘은 여느 가을보다 더 푸르러 보인다. 오늘은 바
람마저 선선한 게 순교자를 닮은 순례자가 되기에 딱 좋은 날
이다.

꽃으로 피어나기를

성거산聖居山, 말뜻인 즉 거룩함이 거하는 곳이다. 지
명을 이렇게 붙인 데는 틀림없이 이유가 있을 터인데 굳이 알
아보지 않았다. 큼지막한 줄기의 등성이마다, 내리뻗은 골짜
기의 겨드랑이마다 영락없이 거룩함이 머문 흔적을 어렵잖게
발견할 수 있기 때문이다.

　　이곳에는 '성거산 성지'가 있다. 옛날 천주교를 단속
하던 시절에 교우들이 피신 와서 깃들던 터전이었다. 지금은
거대한 천안시의 북면에 속해 있으나 조선 시대에는 목천 고

을의 땅이었다. 산이 깊어서 관리들이 섬세하게 시선을 두기
는 어려웠을 것이다.

저는 제 담당지역 사목 방문을 마치고 나면 여름 한 철에는
충청도 목천현 '소학골' 마을에서 지냈습니다. 소학골은 독
수리 둥지마냥 높은 곳에 자리 잡고 있으며 호랑이가 득실
거리고 숲이 우거진 산들로 둘러싸여 있기 때문에 찾아가
기 어려운 곳입니다. 숨기에는 매우 좋은 피신처입니다. 들
짐승처럼 사방으로 쫓겨 다니는 선교사가 평화로운 이곳
에서만은 맑은 공기를 마시면서 어느 누구에게도 들킬 염
려가 없습니다. 초막에서 나와 여기 저기 절경을 찾아 눈앞
에 가득 펼쳐진 자연의 아름다움을 만끽할 수도 있고, 별들
이 반짝이는 하늘을 감상할 수도 있습니다.

_1867년 2월 13일, 상해에서 칼레 신부가 알브랑 신부에게 보낸 편지

사방으로 열린 산길을 따라 가까운 배티 마을 같은
충청도의 유서 깊은 교우촌은 물론이고 경상·경기 교우들까
지 형제처럼 연결시킨 산 속의 천주교 마을이었다. 교우촌 소
학골에서는 산세가 깊은 만큼 신심마저 깊어서 누가 먼저고
나중을 따질 것도 없이 사이좋게 어울려 신앙의 터를 이루었

꽃으로 피어나기를

다. 성실한 노고와 경건한 기도의 보상은 스무 명도 넘은 순교자를 얻은 것이다. 소박한 줄무덤이 초라해 보일수록 선조들의 경건한 기도와 노고가 선명하게 눈에 드는 곳이다.

오랜만에 찾아간 성거산에 눈이 내렸다. 올 들어 가장 큰 눈이라고 했다. 밑에서 올라올 수도, 아래로 내려갈 수도 없이 고립에 가까운 성산은 이제야말로 성스런 산이 되었다. 거룩함은 하느님의 속성이다. 인간이 하느님의 영역을 침범해서는 안 된다고 말하는 듯이, 차가운 겨울의 극심한 눈 때문에 누구도 범접할 수 없는 완전한 구별이 이루어졌다. 이제야 '성거산'이 된 것이다.

속세의 신부들 몇 명이 이 성스러움을 깨뜨렸다. 나도 그 침입자 가운데 하나이다. 저만치 앞에서 성급히 달아나는 고라니는 하늘서 보낸 염탐꾼일지도 모른다. 여기, 허물어진 작은 집터는 가난한 교우의 집이었을 것이다. 아직도 뒤꼍에 서 있는 오래 묵은 고욤나무는 능숙하게 올라타고 주린 배를 달래던 어린 교우 베드로를 여전히 기억하고 있을 것이다.

저기, 조금은 너른 집터에는 교우촌 공소의 회장님이 사셨을까. 그렇다면 긴 수염의 서양 신부가, 판공 찰고를 하고 계실 것이다. 엄격하지만 친절했을 목자들의 이름을 불러본

다. 칼레 신부, 최양업 신부, 다블뤼 신부 ……. 발밑에 찍힌 선
명한 발자국은 선하고 열성적인 목자들의 자취일 거라 생각
하련다.

　　여기까지 이르도록 저 자국에 내 발을 포개어 왔다.
그렇게라도 선한 목자가 가신 길을 따라가고 싶어서다.

　　　　　　　　　　　　　　　큰 나무가 그리워

연보

성 김대건 안드레아 신부 연보

파리외방전교회 연혁

성 김대건 안드레아 신부 연보

1821.	8. 21	충청도 내포 솔뫼에서 출생
1836.	7. 11	신학생으로 선발되어 모방 신부 댁에 도착
	12. 3	유학길에 오름
1837.	6. 7	대륙을 종단하여 마카오에 도착
1837.	11. 27	동료 최방제, 위열병으로 선종
1839.	4. 6	마카오 민란 때문에 마닐라로 피난
	5. 3	롤롬보이 도미니코 수도원에서 수학
	9. 26	부친 김제준 이냐시오, 서소문에서 참수 순교
1842.	2. 15	세실 함장 통역으로 에리곤 호 승선
1844.	12.	최양업과 함께 페레올 주교로부터 부제품 받음
1845.	1. 15	한양 도착, 돌우물골石井洞에 유숙
	4. 30	11명의 교우들과 상해를 향해 출발
	6. 4	상해 도착
	8. 17	김가항金家巷 성당에서 사제 서품
	9. 28	제주도 맞은편 섬 및 용수리 포구 도착
	10. 12	충청도 강경 포구 인근으로 귀국
1846.	4. 13	은이에서 어머니와 부활첨례 후 한양으로 떠남
	5. 13	입국로 개척을 위해 교우들과 함께 마포 출발
	6. 5	순위도에서 임성룡, 엄수와 함께 관원에게 체포
	9. 16	새남터에서 군문효수형으로 순교
1857.	9. 23	교황 비오 9세에 의해 가경자로 선포
1925.	7. 5	교황 비오 11세에 의해 복자가 됨
1949.	11. 15	한국 성직자들의 수호자로 선포, 축일은 7월 5일
1984.	5. 6	교황 요한 바오로 2세에 의해 성인이 됨

파리외방전교회 연혁

1658.	**6. 8**	파리외방전교회 설립
1663.	**10. 10**	파리외방전교회 신학교 뤼드박에 설립
1664.	**8. 10**	신학교 교황청 승인
1683.	**4. 24**	파리외방전교회 성당 기공
1697.		성당 완공 – 선교사 파견식이 이루어지는 곳
1789.		프랑스 혁명
1831.	**9. 9**	교황 그레고리오 16세, 조선대목구 설정
		파리외방전교회에 조선 선교 위임,
		초대 주교 브뤼기에르 임명
1836.	**1. 12**	파리외방전교회 선교사 모방, 조선 입국
	4. 26	파리외방전교회 앵베르, 조선대목구장 주교로 임명
1837.	**5. 14**	앵베르 주교 조선 입국
1839.	**9. 21**	앵베르 주교, 모방·샤스탕 신부 군문효수 순교
1845.	**10. 12**	페레올 주교, 다블뤼 신부, 김대건 신부 조선 입국
1846.	**9. 16**	김대건 신부 새남터에서 군문효수 순교
1851.		구노, 한국 순교자를 위한 '순교자 찬가' 작곡
1866.		파리외방전교회 선교사 9명 순교
1911.	**4. 8**	대구대목구 분리, 초대 주교 파리외방전교회 드망즈 임명
1942.	**11. 10**	경성대목구장에 한국인 최초 노기남 주교 임명
1984.	**5. 6**	선교사 10명 한국 성인들과 함께 시성됨

삶의 힘을 기르는, 책밥상의 책들

밥보다 일기
서민 교수의 매일 30분 글 쓰는 힘, 일기 쓰기의 기적!

밥보다 책
일상이 허기질 때, '책소믈리에' 김은령 편집장의 책책책 책 이야기.

밥상의 말
파리의 감성좌파 목수정, 파리에서 밥을 짓다 글을 지었다
○ 2020 문학나눔 선정

기꺼이, 이방인
수상한 사회학자, 천선영의 여름 두 달 대관령 일기

판판판
〈재즈피플〉 김광현 편집장의 레코드 판 속 수다 한 판 인생 한 판
○ 2019 문학나눔 선정

사랑 앞에 두 번 깨어나는
음악과 소리로 다시 읽는 영화, 소설가 오성은의 영화 소리 산문

딱 1년만 쉬겠습니다 어른 그림책
격무에 지친 저승사자의 환골탈태 안식년 프로젝트